山东省体育局“2019 年山东省城乡居民体育消费调查”项目成果

2019 年度山东省城乡居民体育消费报告

刘远祥　孙冰川　　著
栾凤岩　翟培建　顾问

山东大学出版社
SHANDONG UNIVERSITY PRESS
·济南·

图书在版编目(CIP)数据

2019年度山东省城乡居民体育消费报告/刘远祥，孙冰川著.—济南：山东大学出版社，2021.12
ISBN 978-7-5607-7234-9

Ⅰ.①2… Ⅱ.①刘…②孙… Ⅲ.①居民—体育消费—研究报告—山东—2019 Ⅳ.①G80-05

中国版本图书馆CIP数据核字(2021)第230916号

策划编辑　武迎新
责任编辑　秦大忠
封面设计　王秋忆

出版发行　山东大学出版社
社　　址　山东省济南市山大南路20号
邮政编码　250100
发行热线　(0531)88363008
经　　销　新华书店
印　　刷　山东星海彩印有限公司
规　　格　720毫米×1000毫米　1/16
　　　　　9.75印张　140千字
版　　次　2021年12月第1版
印　　次　2021年12月第1次印刷
定　　价　39.00元

目　录

绪论　体育消费——激发经济发展的新动能

党的十九大报告提出:“要完善促进消费的体制机制,增强消费对经济发展的基础性作用。”在“体育强国”“健康中国”等国家战略下,社会资本相继布局体育产业,体育产业规模不断壮大,居民体育消费潜力得到进一步释放,体育消费市场呈现快速发展态势,正成为激发经济发展的新动能。《2019年山东省城乡居民体育消费报告》是山东省体育局首次组织编写的反映全省城乡居民体育消费情况的年度报告。本报告是对山东省城乡居民体育消费发展现状的一次全面梳理。调查结果显示,2019年全省城乡居民人均体育消费2049.8元,占人均可支配收入的比例为6.49%,按照2019年山东省常住人口规模计算,全省体育消费总规模2064亿元。

本次调查采用PPS和分层抽样相结合的方式,共抽取样本77607个,其中合格样本57717个。调查发现居民体育消费结构不断优化,呈现出消费内容多样化、消费空间场景化、消费形式数字化、消费群体年轻化、消费产品品质化等特征。

一、体育产业规模不断壮大

围绕体育强国建设目标,《国务院办公厅关于促进全民健身和体育消

费 推动体育产业高质量发展的若干措施》《山东省体育产业发展“十四五”规划》《山东省关于促进和规范社会体育俱乐部发展的实施意见》等政策正筹划出台，同时通过发放体育健身消费券、开展居民体育消费统计等工作，持续释放政策红利。全省体育产业总产出、增加值已分别由 2015 年的 1980.19 亿元、606.74 亿元，增加至 2018 年的 2466.55 亿元、968.58 亿元，详见图 1。全省体育类法人单位 24697 家，产业活动单位 881 家，个体工商户24983 家，占全国体育产业法人单位数的 10.4%。

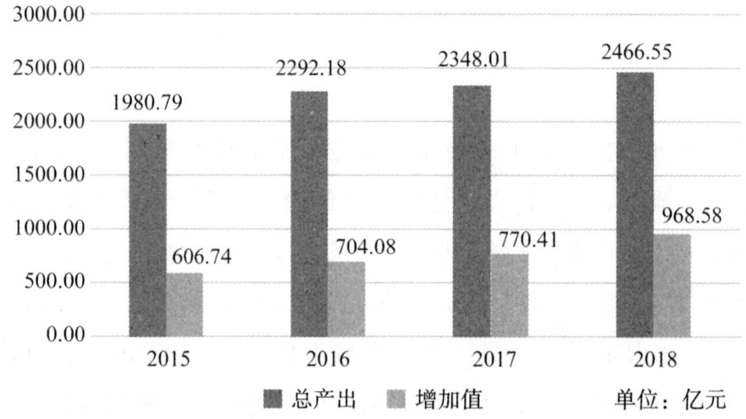

图 1　2015～2018 年山东省体育产业总产出、增加值统计图

注：数据来源于各年度山东省体育产业发展公告。

二、体育消费水平稳步提升

2019 年全省恩格尔系数达到 26.5%，已达到联合国划分的 20%～30%的富足标准，恩格尔系数连续呈现下降趋势，居民消费结构持续优化。2019 年全省城乡居民人均体育消费支出为 2049.8 元，占人均可支配收入的比例为 6.49%，全省体育消费总规模 2064 亿元，居民人均体育消费水平低于上海市的 2849 元、江苏省的 2442 元，详见图 2。

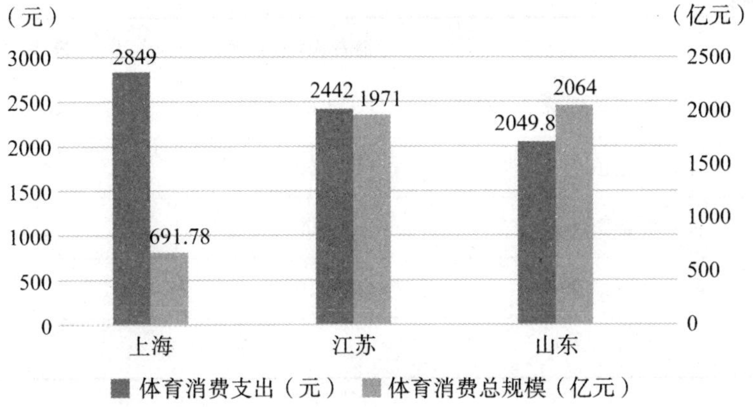

图 2 2019 年沪、苏、鲁 3 省市人均体育消费支出与总规模统计图

三、体育消费结构日益优化

此次调查,按照国家体育总局《体育消费分类统计办法》将体育消费分为体育用品消费、健身休闲消费、体育观赛消费、体育教育培训消费、体育旅游消费、体育文化消费、体育彩票以及其他体育消费 8 个类别。根据报告中的结构,体育用品消费支出为 893.92 元、体育旅游消费支出为 349.35 元、体育健身休闲消费支出为 260.25 元、体育彩票消费支出为 200.08 元、体育教育培训消费支出为 181.6 元,分别位居人均体育消费支出的前 5 位,详见表 1。

表 1　　2019 年山东省城乡居民人均体育消费支出情况

	消费额(元)	排序
体育用品消费	893.92	1
体育旅游消费	349.35	2
健身休闲消费	260.45	3
体育彩票消费	200.08	4

续表

	消费额(元)	排序
体育教育培训消费	181.60	5
体育文化消费	76.90	6
体育观赛消费	61.60	7
其他体育消费	26.10	8
合计	2049.80	

体育用品消费是主要消费内容。全省城乡居民体育用品消费支出为 839.92 元，其中以运动服饰、鞋帽袜的消费为主，支出达到 446.22 元，占体育用品消费支出的 49.92%，具体支出结构见图 3。参与体育活动是山东省城乡居民进行体育用品消费的主要动机，而收入、产品质量、品牌、价格是影响居民体育用品消费的主要因素。

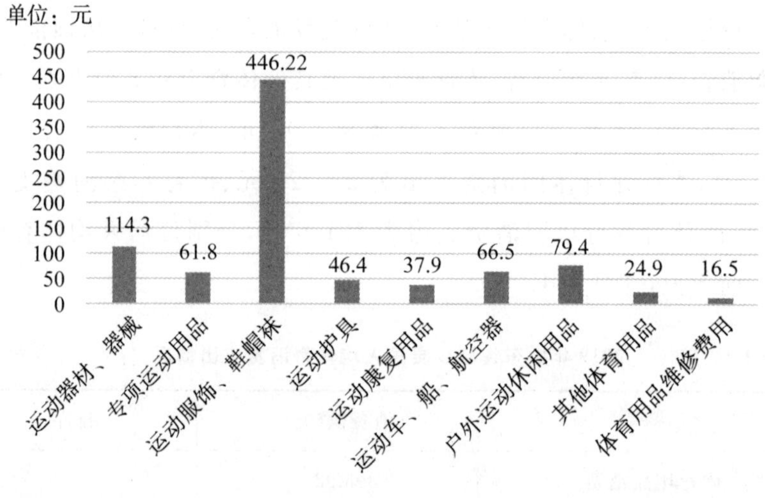

图 3　全省城乡居民不同类别体育用品消费支出统计图

体育旅游消费成为新趋势。体育旅游消费包括以现场观赛、参与体验及参观游览为主要形式，以满足健康娱乐、旅游休闲为目的的全部消费活动的费用支出。体育旅游支出强调体育的原发性消费，以及食、住、行、游、购、娱等必要的伴随性消费，参与体育活动、休闲娱乐是居民体育旅游消费的主要动机，主要包括体育活动本身的游览、娱乐、研学支出，餐饮、住宿、出行、购物以及其他消费支出。随着国民休闲体系的形成，大众的休闲旅游消费观念越来越强，在全国节假日以及周末来临之时纷纷选择外出旅游，形成全民体育旅游热。全省居民人均体育旅游消费支出 349.35 元，占人均体育消费支出的 17.04％。

体育健身消费市场火爆。体育健身消费是普通居民以增强体质、娱乐身心、祛病强身为目的，以各种身体活动或练习为主要表现形式的健身娱乐活动方面的服务性支出。全省居民人均体育健身消费支出 260.25 元，占人均体育消费支出的 12.70％。

体育教育培训蓬勃发展。体育培训消费是居民接受体育相关专业学历教育所支付的最基本的教育支出，还有基本教育之外的运动技能培训费、考试费和咨询费等扩展性、选择性消费支出。全省居民人均体育教育培训支出 181.6 元，占体育消费支出的 8.86％。

四、体育消费基础不断夯实

随着社会的发展和《健康中国 2030 规划纲要》《体育强国建设规划纲要》《全民健身计划（2021～2025 年）》等国家战略的深入贯彻，今后一个时期促进体育消费、推动全民健身更高水平发展，更好地满足人民群众健身、健康需求，市场、政策、环境的不断优化，将进一步夯实体育消费基础。调查结果显示，山东省居民体育参与程度普遍提升，参与的活动项目种类不断增加。从未参加过体育活动的居民数量为 4063 人，仅占调查对象的 7.04％。统计数据显示，居民参与度最高前 5 项的运动项目分别为长跑、健步走，广场舞、健美操、体育舞蹈等，羽毛球，篮球，跳绳、踢毽，详见图 4。

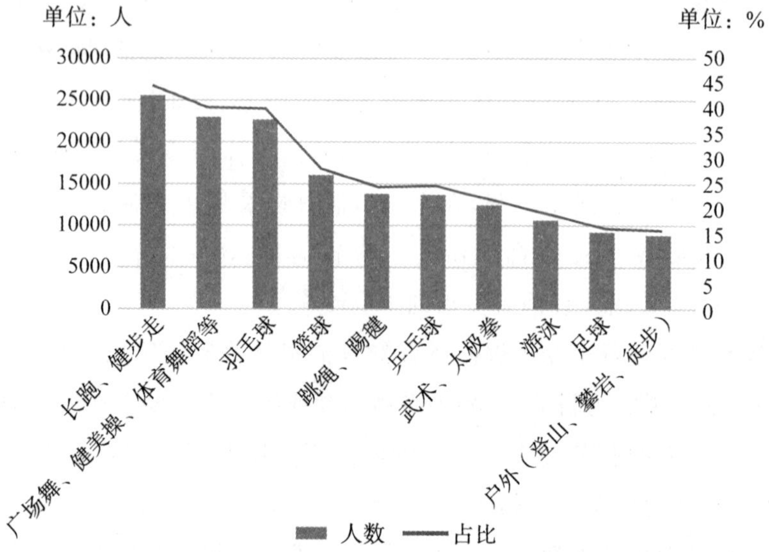

图 4　山东省城乡居民参与运动占比图

五、体育市场供给效率提升

针对体育产品市场“供需错配”的矛盾，此次调查设置了体育产品市场供给能否满足消费者消费需求一项。调查发现，不同体育产品的市场供给对消费者需求的满足程度不同。满足程度最高的是体育用品市场，满足程度最低的是体育保险市场的产品供给。

六、中青年是体育消费主力

通过对山东省不同年龄城乡居民年体育消费金额差异性调查可知，20～25 岁的居民年体育消费金额最高，体育消费支出为 2545 元；然后依次是 26～60 岁的为 2014.4 元，13～19 岁的为 1847.7 元，60 岁及以上的为 1823.1 元，12 岁及以下的为 1620.3 元，详见图 5。

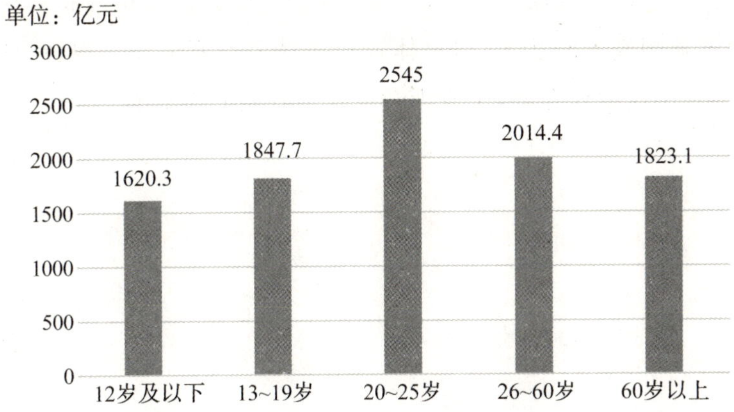

图 5　不同年龄城乡居民人均体育消费支出情况

七、各地市消费不平衡

相关调查显示，2019 年全省城乡居民体育消费支出平均为 2049.8 元，其中体育消费支出水平最高的是青岛市，为 2878.94 元；支出水平最低的是聊城市，为 1785.2 元，青岛市居民体育消费支出比聊城市高出近 40％，呈现出典型的东强西弱的发展态势，详见图 6。

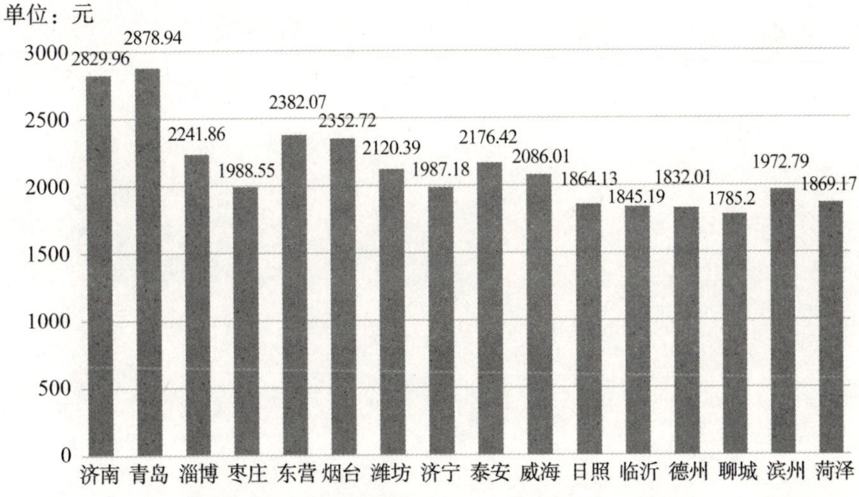

图 6　山东省不同区域居民人均体育消费支出情况

在“体育强国”“健康中国”等国家战略下，社会资本相继布局体育产业，体育产业规模不断壮大，居民体育消费潜力得到进一步释放，体育消费市场呈现快速发展态势，正成为激发经济发展的新动能。

第一章　研究缘起

国民经济实现持续增长的关键在于消费需求的增长。伴随着我国经济发展的稳步推进，产业结构不断完善，人民生活水平不断提升，居民消费行为、消费形态、消费方式发生了系列转变。体育消费作为越来越重要的一种消费形式，从科学发展观、经济发展新常态来看，扩大体育消费可促进居民消费结构优化升级，有利于国家产业结构优化。

第一节　研究背景

在“体育强国”“健康中国”等国家战略下，社会资本相继布局体育产业，体育产业规模不断壮大，国民体育消费潜力得到进一步释放，体育消费市场呈现快速发展态势，参与体育已成为人民对美好生活向往的基本需求。[①] 体育消费已成为人们现代生活的重要组成部分。2015～2018 年，中国体育消费市场稳步增长，由 2015 年的 4760 亿元发展到 2018 年的9105.3 亿元。相关数据显示，2020 年中国体育消费市场已达到 1.5 万亿元。

国家近年来密集出台了一系列促进体育消费的政策文件，如国务院

① 参见王睿、杨越：《家庭视域下扩大我国体育消费的政策研究》，《体育科学》2020 年第 1 期。

办公厅印发的《关于促进全民健身和体育消费　推动体育产业高质量发展的意见》等，目的就是激发群众消费热情，持续推进体育消费提质扩容，进一步发挥体育消费在满足人民美好生活需要和推进体育强国建设中的重要作用。

一、居民消费转型升级，体育市场潜力巨大

中国经济正面临高质量发展阶段和经济新旧动能转换的重要关口，经济增长转向依靠消费、投资、出口协同拉动，与此同时，消费对经济增长的“主力军”作用逐渐增强。人均收入继续提高，优质供给持续增加，家庭消费恩格尔系数不断下降，居民消费结构转型升级趋势显著。随着国民收入的稳步提升与生活质量的持续改善，人民群众的健康意识逐步提升，主动参与体育锻炼的意识逐步唤醒，促进了居民消费结构的转型升级，使得体育消费市场增长潜力巨大，这也成为推动体育消费高质量发展的重要基础。目前，我国社会主要矛盾已经转化为人民日益增长的美好生活需要和不平衡不充分的发展之间的矛盾。要满足人们的美好生活需要，就要提供优质的服务产品供给和服务，赋能推动国民消费转型升级。[①] 体育消费作为健康消费方式，被赋予了释放内需潜力、推动经济转型升级、保障和改善民生的重要意义。伴随人民生活质量的有效提高，以及对体育锻炼参与感的逐渐唤醒，我国人民的健康意识越来越强。体育产业作为五大幸福产业之一，也应肩负起提高广大人民群众生活质量和幸福指数、满足广大人民群众较高层次需求的时代使命，充分发挥消费对经济发展的基础性作用，使居民体育消费成为新时代推动我国经济高质量发展、深化供给侧结构性改革的关键着力点。收入是消费的基础和前提，只有收入水平不断提高，居民的消费能力才能相应提高，才有消费规模扩张和消费升级的基础。国家统计局公布数据显示，2019 年全国恩格尔系数

---

① 参见建投华文投资有限责任公司、中国人民大学创意产业技术研究院：《中国文化消费投资发展报告（2020）》，社会科学文献出版社 2020 年版，第 5 页。

达到 28.2%，连续 8 年降低，已达到联合国划分的 20%～30%的富足标准。全国居民人均消费支出增幅大于人均可支配收入增幅（见图 1-1）。从国际经验来看，当一国人均 GDP 超过 8000 美元，整个社会将进入新一轮的消费升级，服务消费比重将快速上升，体育消费市场会呈现相应快速增长。2020 年中国人均 GDP 已突破 1 万美元，未来几年我国体育消费潜力将会得到迅速释放。①

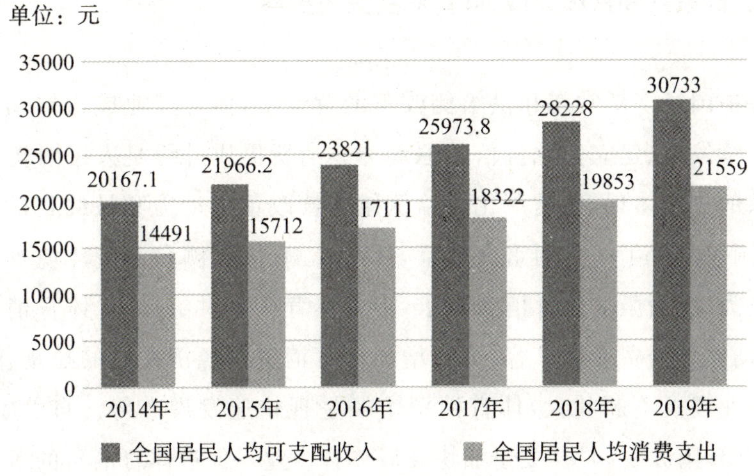

图 1-1　2014～2019 年全国人均可支配收入和人均消费支出情况

注：数据来源于各年度《中国统计年鉴》和《国民经济和社会发展统计公报》。

在消费规模不断扩大的同时，居民消费"转型升级"步伐加快，体育等新兴消费快速发展。2013 年、2014 年、2015 年体育消费的人均支出额分别为 593 元、645 元、926 元，平均年增幅 28%，体育消费支出增幅明显高于人均消费支出（见图 1-2）。2017～2020 年人均体育消费金额持续提升，2020 年同比增长超三成。② 一线城市 2017 年、2018 年体育消费市场总量分别增长 49%、23%，新一线城市同比分别增长 71%、22%，二线城

① 参见林兵桥、吴钟、陈子禾：《消费驱动我国体育产业高质量发展研究》，《体育文化导刊》2020 年第 11 期。

② 参见李子晨：《国民体育消费热潮奔涌》，《国际商报》2021 年 8 月 10 日。

市同比分别增长 79%、19%。以率先开展居民体育消费调查统计的江苏省数据为例，2018 年该省城乡居民人均体育消费支出为 2382 元，相比 2017 年的 2028 元增长 17.5%。根据国家统计局公布的数据显示，全国居民人均体育健身活动支出同比增长高于医疗服务、旅游住宿、交通支出等的增幅。

二、政策红利持续释放，体育消费提质扩容

在中国经济新常态和供给侧改革的背景下，体育产业成为推动国家经济持续发展、建立文化自信的原动力。消费提质升级是人民对美好生活需求的直接体现，也是深化供给侧结构性改革的动力和最终目的。近年来，国家出台了一系列重大政策，从消费侧、供给侧和消费环境等方面综合发力，全面激活体育消费需求，丰富体育产品供给，优化体育消费环境，推动体育消费提质扩容，不断增强体育消费对经济发展的拉动作用。体育产业规模不断壮大，体育消费市场呈现快速发展态势。自 2014 年 10 月20 日国务院印发《关于加快发展体育产业　促进体育消费的若干意见》后，国务院办公厅、国家体育总局、国家发改委等部门相继又印发了一系列促进体育消费的政策性文件（详见附录 1），《“健康中国 2030”规划纲要》等文件也相继颁布，一大批政策红利正在引领我国体育消费的发展方向，旨在推进体育消费持续提质扩容，促进我国体育消费的快速增长、消费内容升级、体育消费空间拓展，进一步发挥体育产业在扩大内需、推动经济结构转型升级、促进就业和培育经济发展新动能中的作用。2016 年 5 月《体育发展“十三五”规划》提出，到 2020 年全国体育产业总规模超过 3 万亿元，经常参加锻炼人数达到 4.35 亿。2018 年 9 月《中共中央国务院关于完善促进消费体制机制　进一步激发居民消费潜力的若干意见》将文化旅游体育消费作为推进服务消费持续提质扩容的首要内容，并明确指出，要积极培育潜在需求大的体育消费新业态。2018 年 10 月国务院办公厅印发的《完善促进消费体制机制实施方案（2018～2020 年）》对

体育领域作出8条特别批示。2019年1月，国家发改委、国家体育总局联合印发了《进一步促进体育消费的行动计划(2019～2020年)》，提出"到2020年中国体育消费规模要达到1.5万亿元的目标"，并且还专门提出"要建立健全跨部门的沟通平台和机制，加大体育场地设施用地及水、电、气、热政策落实力度"。2019年8月，国务院办公厅印发的《体育强国建设纲要》布置了扩大体育消费的战略任务，并具体指出了增强体育消费黏性、激发大众体育消费需求、拓展体育消费新空间、创新体育消费支付产品、支持各地创新体育消费引导机制等重要意见。在党的十九大报告中，习近平总书记更是明确指出"广泛开展全民健身活动，加快推进体育强国建设"。2019年8月，《国务院办公厅关于加快发展流通　促进商业消费的意见》提出顺应商业变革和消费升级趋势，鼓励运用大数据、云计算、移动互联网等现代信息技术，促进商旅文体等跨界融合，形成更多流通新平台、新业态、新模式。2015年11月，国务院出台《关于积极发挥新消费引领作用　加快培育形成新供给新动力的指导意见》指出，积极发挥新消费引领作用，加快培育形成新供给、新动力，以更好地满足居民消费需求，推动产业转型升级。在相关政策的引导下，公众的体育消费意识普遍增强，体育消费不断升级，体育消费市场日益活跃。2019年1月《进一步促进体育消费的行动计划(2019～2020年)》提出，丰富体育消费业态，拓展体育消费空间，优化体育消费环境，大力发展健身休闲消费，积极引导竞赛观赏消费，以满足人民群众日益增长的美好生活需要，将体育产业打造成国民经济支柱产业。2020年9月22日，习近平总书记在主持召开教育文化卫生体育领域专家代表座谈会时强调："要推动体育产业高质量发展，不断满足体育消费需求。"在上述政策中，国家始终将全民健身和健康中国建设与体育消费紧密关联，其要义便是要充分发挥体育消费在两大战略推进中的积极作用，发挥战略性的支撑功能。可见，建立跨部门促进体育消费的协作沟通机制正在逐渐完善，这为我国体育消费升级提供了重要保障。京东大数据研究院梳理体育消费数据发现，我国体育消费群体不断扩容，通过健身促进健康的热情日益高涨，体育健身持续走向全民化和专业化。2015～2018 年，中国体育消费市场稳步增长，由 2015 年的 4760 亿元发展到 2018 年的 9105.3 亿元。① 全民健身向更高水平发展，体育消费多元化趋势显著，体育服务消费快速增长。

山东省作为经济大省、体育强省，近年来也出台了《进一步加快发展生活性服务业　促进消费结构升级的实施意见》《进一步扩大旅游文化体育健康养老教育培训等领域消费的意见》《山东省体育产业基本单位统计报表制度》等系列政策，丰富体育产品供给，增强体育消费活力。在这些政策的带动下，体育产业发展持续向好，取得了显著成效，形成了国家引导、部门协同、地方落实的政策环境，掀起了全社会关注体育产业、参与体育产业、投资体育产业的热潮。在政策扶持和国内体育产业强势崛起的双重推动下，体育健身的各类设施和体育培训资源将更加开放和丰富，无论是日常体育锻炼，还是进一步提升专项的体育技能，都激发了山东省居民各类体育消费需求，体育消费市场潜力进一步得到挖掘，居民体育消费意识不断增强，体育消费不断提质扩容。

三、体育市场环境优化，体育产业逆势发展

中国经济进入发展的新常态，从高速增长转为中高速增长，经济结构优化升级，从要素驱动、投资驱动转向创新驱动。把体育产业做大做强是促进体育强国的发展、经济快速发展与满足国民生活质量提高需要的主要措施。山东省体育局积极落实国家体育总局及山东省委省政府政策精神，引导体育消费，优化消费环境，提升标准化服务能力，推动体育消费结构升级，全力做好“六保三促”，增强居民体育消费信心，广大群众积极参与体育消费。特别是借助北京 2022 年冬奥会的举办，积极开展“北冰南展西扩东进”和“3 亿人参与冰雪”等活动，对社会形成良好的体育消费氛围起到了重要的推动作用。与经济发展呈现减缓趋势不同，体育产业发

① 参见芦胜男、刘冬磊、王子朴：《基于政策工具视角下我国体育消费政策分析——基于 37 份国家政策文本的内容分析（2014～2019）》，《武汉体育学院学报》2021 年第 1 期。

展以及体育消费支出增长率的上升趋势十分显著。在经济发展进入换挡期后，我国体育产业规模不断壮大，体育消费市场活力持续增强，体育服务业发展持续加快。在当前经济下行压力加大的情况下，体育产业逆势上扬，以两倍于经济增长速度快速发展，与 GDP 发展增速放缓形成鲜明对比（详见图 1-2）。

图 1-2　2012～2019 年 GDP 与体育产业增加值增速情况

资料来源：根据《中国统计年鉴》和《体育及相关产业统计报告》资料整理。

从以上统计数据来看，在国家政策的大力支持下，体育产业供给规模不断扩大，供给能力不断提升，提高了体育消费市场的供给能力，为满足消费者消费需求提供了保障。

伴随着人均 GDP 和居民收入的提高以及消费结构升级，多层次、多元化、品质化的体育消费需求日益增多。从经济转型与消费能力提升方面来看，促进体育消费契合了我国调整经济结构、拉动内需的发展要求和趋势。随着居民收入水平的提升，居民消费逐渐从基本消费、功能消费过渡到服务消费、参与消费、体验消费，从而促进体育消费需求的有效释放，充分发挥消费作为保持经济平稳运行的“稳定器”和“压舱石”的重要作用。

第二节 研究目的和调查内容

2019 年 1 月，国家发改委、国家体育总局联合印发了《进一步促进体育消费的行动计划（2019～2020 年）》，提出："要探索建立体育消费市场统计监测制度，逐步开展对居民体育消费市场的统计监测，整合与共享有关部门的数据资源，掌握体育消费的规模和结构变化，加强对体育消费发展特征和趋势的分析研判，为进一步促进体育消费提供决策依据。"

一、研究目的

为深入贯彻《体育强国建设纲要》（国办发〔2019〕40 号文）、《关于促进全民健身和体育消费　推动体育产业高质量发展的意见》（国办发〔2019〕43 号文）等文件精神，全面、准确、系统地掌握山东省城乡居民体育消费情况，了解城乡居民的体育消费偏好、消费结构、消费习惯、消费方式等需求的新变化、新动态，准确掌握当前我省居民体育消费特点和未来发展趋势，明晰居民体育消费行为与消费偏好，致力于为政府、学者、体育企业提供体育消费发展最新的理论和实践，为政策制定、行业发展和投资决策提供参考和借鉴，进而有效激发体育消费潜力，更有助于供给侧结构改革政策的制定，提升体育产业供给体系质量、增加供给能力，从而为体育消费结构转型升级奠定基础条件，更好地满足城乡居民日益增长的消费需求，激发体育消费动能，推动体育消费提质扩容，实现山东省体育产业高质量发展，我们开展了本次调查。

二、调查内容

根据调查目的，此次城乡居民体育消费调查内容主要包括：城乡居民的体育活动参与情况、居民体育消费支出、居民体育消费结构、居民体育消费偏好、居民体育消费满意度、居民体育消费的制约因素以及居民体育消费的时间和空间特征等。

第三节　研究价值

研究如何推进体育消费持续提质扩容，将有助于发挥体育产业在扩大内需、推动经济结构转型升级、促进就业和培育经济发展新动能中的作用。

一、体育消费提质扩容是实现经济高质量发展的新突破口

我国已进入消费需求持续增加、消费环境优化改善和消费结构加快升级的重要阶段，支撑经济发展的要素条件和环境发生变化，消费驱动经济高质量发展的作用愈加凸显。2020 年 4 月，中共中央政治局常务委员会召开会议指出：各级党委和政府要不失时机畅通产业循环、市场循环、经济社会循环。消费在这“三大循环”中处于枢纽地位，是“生产—分配—流通—消费”循环的起点和终点。体育消费是居民消费的重要组成部分，是拉动经济增长的“三驾马车”的重要组成部分。在“三期叠加”的经济新常态下，实现体育消费潜力的有效释放是扩大消费、促进经济高质量发展的一个重要突破口。体育消费作为基本生存需求满足基础上的精神、发展消费，是高层次的消费，顺应了消费升级趋势。体育消费提升有助于它从模仿型、排浪式消费向个性化、多样化需求发展转变，可以更好地顺应消费需求向个性化、多样化发展的趋势，满足人民日益增长的美好生活需求。加快推进体育产业这一新兴战略性产业发展，形成更多新的增长点、增长极。

二、体育消费提质扩容有利于实现产业结构的转型升级

居民消费结构的变迁是对商品质量和数量的改变，是主导产业结构演进的根本动力和影响产业结构调整的最直接因素。与传统产业相比，体育产业作为新兴服务性产业，顺应了我国产业结构调整和升级的方向。产业结构优化是经济新常态化发展的重要特征。发展体育产业有助于促进我国产业结构的转型升级。体育产业兼顾制造业和服务业的双重属性，有利于化解产能过剩和解决产业空心化问题，促进产业转型升级。体育产业作为一个独立的经济部门，是国民经济产业体系中较大的一个子系统，所跨行业幅度大，覆盖范围广，产业链条长，与许多产业能够产生联动效应。扩大体育消费，可以进一步促进体育产业的壮大与成长，提高体育产业在产业结构中的比重。体育消费结构优化升级会引导投资结构优化升级，进而促进产业结构优化升级，最终实现消费结构优化升级、产业结构优化升级相互促进，良性循环。2019 年，体育产业实现增加值 11248 亿元，占 GDP 的 1.14%，按照支柱产业的判定标准（4%），目前体育产业的发展，离中央关于推动体育产业成为国民经济支柱性产业的定位还有较大差距。激发居民体育消费潜力，将有助于在更高层次上解决市场供需矛盾，从消费端倒逼供给侧结构性改革，为经济社会发展提供强劲持久的动力。

三、体育消费提质扩容有利于增长动力向创新驱动转变

我国进入经济新常态后，正在积极寻求经济发展方式的转变，探求从粗放型经济发展方式向集约型经济发展方式转变的有效路径。体育消费是转变经济增长方式的重要引擎。体育消费作为包含教育体系和社会培训的增强国民素质的手段，其消费过程本身就是消费主体接受教育、提升素质的过程。相对于实物消费，体育消费过程蕴含着人力资本的增值和

积累过程，体育消费既有利于提高劳动者的技能，也有利于提高劳动者的综合修养，可以显著提高劳动者的人力资本。人力资本的增值和积累可以进一步提高劳动生产率，促进经济增长由要素驱动、投资驱动向创新驱动转变。

四、体育消费提质扩容是推动“双循环”发展的重要力量

作为一项新兴产业，我国体育产业近年来得到快速增长，已经成为推动我国经济持续稳定增长的重要引擎。体育消费是我国内需的重要组成部分，保障好体育消费又是扩大居民其他消费需求的重要前提，能够有效拉动社会总需求扩容并带动就业增长。体育消费是驱动产业结构转型升级和高质量发展的重要驱动因素。体育相关企业可以依托国家“一带一路”等国际合作平台，推广优质体育产品和服务，积极参与国际体育产业竞争。在推动体育产业融入以国内大循环为主体、国内国际双循环相互促进的新发展格局过程中扮演更重要的角色。

第二章　研究对象与研究方法

本次调查根据国家体育总局《体育消费统计分类办法》编制山东省城乡居民体育消费调查问卷，采用 PPS 和分层抽样相结合的方式，面向全省 16 地市常住居民进行调查，共抽取样本 77607 个，其中合格样本 57717 个。

第一节　研究对象

本课题以“山东省城乡居民体育消费”作为研究对象。

一、样本的分层

为提高样本的代表性，本次调查采用分层抽样的原则进行。

第一层：山东省 16 地市的 137 个县市区。

第二层：男、女两个性别组。

第三层：根据年龄划分为 12 岁及以下、13～19 岁、20～25 岁、26～60 岁、61 岁以上，共 5 个年龄组。

二、样本量确定与分配

课题组面向全省 16 地市 137 个县市区开展调查。样本量 N 的大小直接影响或涉及以下几个方面：第一，如果 N 太大，会加大成本支出，而且还会影响调查的时效性；第二，如果 N 过小，样本无疑不具代表性，调查结果肯定有偏差。因此，开展任何抽样调查前科学地确定 N 值至关重要。根据上述原则，确定此次调查样本。按照现有人口万分之六的比例确定样本量，全省 60600 人（详见表 2-1）。

表 2-1　　山东省城乡居民体育消费调查各市的抽样单位

	地市	人口总数（万人）	男性人口（万人）	女性人口（万人）	抽样单位（家）
1	济南	785.30	390.06	395.23	47
2	青岛	817.79	404.60	413.19	49
3	淄博	433.96	215.62	218.35	26
4	枣庄	422.56	222.27	200.29	25
5	东营	196.68	97.81	98.87	12
6	烟台	653.87	325.19	328.68	39
7	潍坊	914.15	460.88	453.27	55
8	济宁	890.73	459.45	431.27	53
9	泰安	572.98	289.65	283.33	34
10	威海	256.54	127.16	129.37	15
11	日照	306.65	156.10	150.55	18
12	临沂	1179.79	610.26	569.53	71
13	德州	597.84	303.12	294.72	36

续表

	地市	人口总数(万人)	男性人口(万人)	女性人口(万人)	抽样单位(家)
14	聊城	644.70	331.64	313.06	39
15	滨州	396.70	200.15	196.56	24
16	菏泽	1025.40	535.47	489.94	62
17	总计	10095.64	5129.43	4966.21	606

注:(1)上表按照《2019 年度山东统计年鉴》所列 2018 年各市人口数和总户数计算得出;(2)根据《国务院正式批复同意济南市莱芜市行政区划调整方案》,为便于调查和统计分析,已将 2018 年度莱芜人口相关数据并入济南。

第二节　研究方法

山东省城乡居民体育消费调查,通过各地市体育局、学校、街道、社区,采取线上线下相结合的方式开展。我们对回收的问卷通过 Excel 进行了数据整理分析,可为相关研究提供量化数据支撑。

一、问卷调查法

此次调查采用分层随机抽样方法,通过网络、学校、入户等渠道,采取线上线下相结合的方式开展调查,保证样本数据的充分性、真实性和有效性。线上问卷采取问卷星在线问卷调查软件,线下纸质问卷采用分层随机抽样方法发放,共回收问卷 77607 份,其中有效问卷 57717 份,问卷有效回收率为 74.4%。

(一)问卷体系

根据国家体育总局《体育消费统计分类办法》编制城乡居民体育消费调查问卷(见附录二),内容大致分为四大部分。第一部分是对调查对象社会学特征进行的调查，主要包括家庭住址、年龄、性别、职业、学历等。第二部分是居民体育消费行为现状的调查，了解居民体育消费支出、消费方式、影响体育消费的因素、消费偏好等情况。第三部分是居民对体育消费的看法及期望调查，其中对居民体育消费市场供给满足度、期望情况作了深度的挖掘。第四部分附加调查了突发疫情对居民体育消费的影响。为保证调查问卷的效度，先后多次召开专家论证会。参加论证会专家信息见表 2-2。

表 2-2　　参加论证会专家信息

	姓名	工作单位	职称职务
1	易某某	温州大学	教授 博导
2	肖某某	天津体育学院	教授 博导
3	席某某	安徽师范大学	教授 博导
4	杨某某	西安体育学院	教授 博导
5	郑某某	江西财经大学	教授 博导
6	朱某某	山东大学	教师
7	吕某某	山东省统计局	科长

（二）质量控制

在开展调查之前，多次召开专家论证会，确保调研问卷的科学性、有效性。开展调查后，在省体育局的调度下，每周汇总各地市问卷回收情况，并将问卷回收情况及时向各地市反馈，确保样本的数量和质量，实际回收问卷 77607 份。问卷回收后，通过内容数据审核、逻辑检验等方法，筛查调查问卷，剔除无效问卷 19890 份，有效问卷 57717 份。

（三）基本数据概要

本次调查主要针对山东省 16 地市常住城乡居民，16 地市调查样本的构成情况见表 2-3。

表 2-3　　山东省 16 地市问卷回收情况

	地市	应回收问卷(份)	实际回收问卷(份)	有效问卷数量(份)
1	济南	3451	4869	2860
2	青岛	3430	3685	2404
3	淄博	1820	9123	8557
4	枣庄	1715	2528	1974
5	东营	840	1022	834
6	烟台	2619	3199	2370
7	潍坊	3850	3231	2186
8	济宁	3476	2645	1859
9	泰安	2170	3775	464
10	威海	1050	2317	1910
11	日照	1208	5740	5129
12	临沂	4725	18352	15919
13	德州	2520	8426	7305
14	聊城	2560	3140	896
15	滨州	1586	4134	2391
16	菏泽	4138	1421	659
17	总计	41158	77607	57717

(四)调查对象基本情况

被调查者基本信息统计特征。被调查者的基本信息主要包括性别、年龄、职业、受教育程度、收入等,这些基本因素会影响居民体育消费行为、体育参与动机等方面,因此首先要对被调查者的基本特征进行相应的归类和分析。详见表 2-4。

表 2-4　　　　　　调查对象社会学特征（N＝57717）

<table>
<tr><th></th><th>变量水平</th><th>份数（份）</th><th>百分比（%）</th><th colspan="2"></th><th>变量水平</th><th>份数（份）</th><th>百分比%</th></tr>
<tr><td rowspan="2">性别</td><td>男</td><td>21902</td><td>37.95</td><td colspan="2" rowspan="12">职业</td><td>国家机关、企业、事业单位负责人</td><td>5048</td><td>8.75</td></tr>
<tr><td>女</td><td>35815</td><td>62.05</td><td>专业技术人员</td><td>18714</td><td>32.42</td></tr>
<tr><td rowspan="5">年龄</td><td>12 岁及以下</td><td>1553</td><td>2.69</td><td>办事人员和有关人员</td><td>1652</td><td>2.86</td></tr>
<tr><td>13～19 岁</td><td>3578</td><td>6.20</td><td>商业、服务业人员</td><td>4079</td><td>7.07</td></tr>
<tr><td>20～25 岁</td><td>6701</td><td>11.61</td><td>农林牧渔水利业生产人员</td><td>1288</td><td>2.23</td></tr>
<tr><td>26～60 岁</td><td>45483</td><td>78.80</td><td>生产、运输设备操作人员</td><td>1221</td><td>2.12</td></tr>
<tr><td>60 岁以上</td><td>402</td><td>0.70</td><td>军人</td><td>62</td><td>0.11</td></tr>
<tr><td rowspan="5">学历</td><td>初中及以下</td><td>13955</td><td>24.18</td><td>离退休人员</td><td>745</td><td>1.29</td></tr>
<tr><td>高中</td><td>7174</td><td>12.43</td><td>学生</td><td>8918</td><td>15.45</td></tr>
<tr><td>大专</td><td>8635</td><td>14.96</td><td>不便分类的其他从业人员</td><td>2453</td><td>4.25</td></tr>
<tr><td>本科</td><td>25986</td><td>45.02</td><td>无业</td><td>3364</td><td>5.83</td></tr>
<tr><td>硕士及以上</td><td>1967</td><td>3.41</td><td>其他</td><td>10173</td><td>17.63</td></tr>
<tr><td rowspan="8">收入</td><td>3500 元及以下</td><td>24422</td><td>42.31</td><td rowspan="8">闲暇时间</td><td rowspan="4">工作日</td><td>不足 2 个小时</td><td>21986</td><td>38.09</td></tr>
<tr><td>3501～5000 元</td><td>16456</td><td>28.51</td><td>2～3 小时</td><td>18478</td><td>32.01</td></tr>
<tr><td rowspan="2">5001～8000 元</td><td rowspan="2">13285</td><td rowspan="2">23.02</td><td>3～5 小时</td><td>9177</td><td>15.90</td></tr>
<tr><td>5 小时以上</td><td>8076</td><td>13.99</td></tr>
<tr><td>8001～10000 元</td><td>2133</td><td>3.70</td><td rowspan="4">节假日</td><td>不足 2 个小时</td><td>9384</td><td>16.26</td></tr>
<tr><td>10001～20000 元</td><td>791</td><td>1.37</td><td>2～3 小时</td><td>12063</td><td>20.90</td></tr>
<tr><td rowspan="2">20000 元以上</td><td rowspan="2">630</td><td rowspan="2">1.09</td><td>3～5 小时</td><td>14433</td><td>25.01</td></tr>
<tr><td>5 小时以上</td><td>21837</td><td>37.83</td></tr>
</table>

（1）性别。在调查的 57717 人中，男性 21902 人，占 37.9%，女性 35815 人，占 62.1%。

(2)年龄分布。从年龄结构分布看,共分为 5 个年龄组,其中 12 岁及以下 1553 人、13～19 岁 3578 人、20～25 岁 6701 人、26～60 岁 45483 人、60 岁以上 402 人。

(3)受教育程度。按照受教育程度,共将调查对象分为初中及以下学历、高中、大专、本科、硕士及以上学历 5 个组别,其中初中及以下 13955 人、高中 7174 人、大专 8635 人、本科 25986 人、硕士及以上 1967 人。

(4)职业分类。此次调查,参照《中国职业分类大典》将职业分为国家机关、企业、事业单位负责人,专业技术人员,办事人员和有关人员,商业、服务业人员,农林牧渔水利业生产人员,生产、运输设备操作人员,军人,离退休人员,学生,不便分类的其他从业人员,无业,其他等共计 12 个类别。各类别调查对象分布情况见图 2-1。

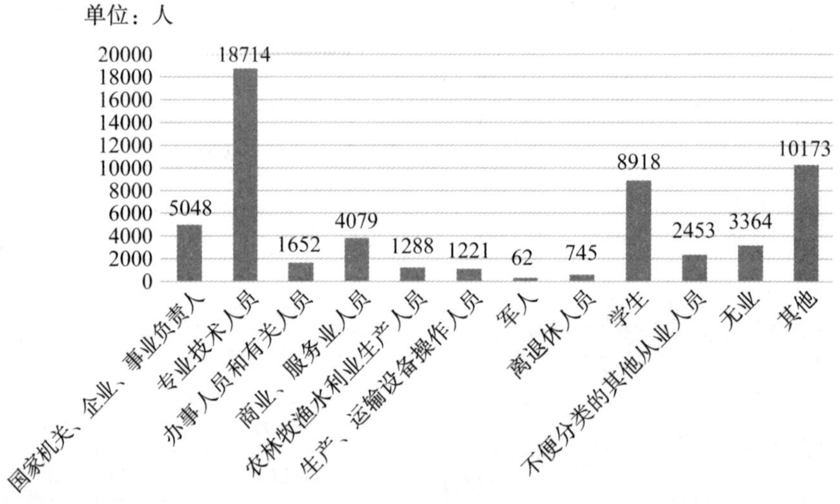

图 2-1　调查对象不同职业的分类统计

(5)收入。为便于分析不同收入群体的体育消费差异,此次调查将对调查对象的月收入划分为 3500 元、3500～5000 元、5001～8000 元、8001～10000 元、10001～20000 元、20000 元以上 6 个组别。调查对象中,不同收入群体的数量统计详见图 2-2。

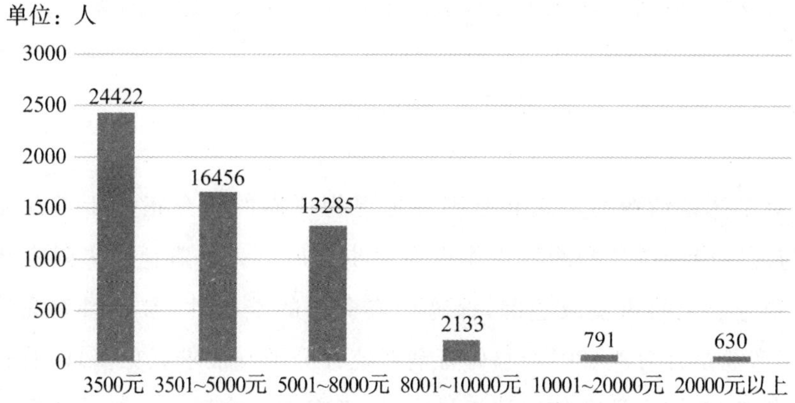

图 2-2　调查对象不同收入的数量统计

(6)闲暇时间。体育消费,尤其是观赏型和参与型体育消费是一种耗时性消费,需要时间投入作为保障,我们分别调查了调查对象工作日和休假日的闲暇时间情况,详见图 2-3。

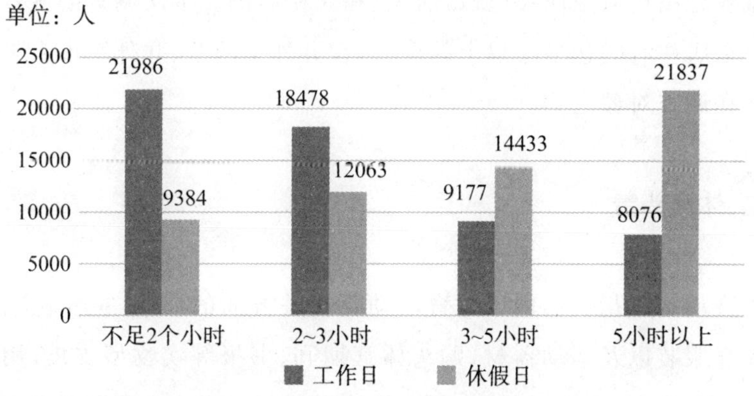

图 2-3　调查对象工作日与休假日拥有的闲暇时间统计

二、数理统计法

运用 Excel 对统计年鉴数据和问卷调查数据进行处理,对相关数据进行回归分析、频数分析和多重比较,为研究提供量化数据支持。体育彩票消费支出，根据不同地区的彩票销售额和地区人口进行测算。

第三节 核心概念界定

对于体育消费的定义和范围界定更为严谨的研究正处于不断完善中，与之对应的统计和测算工作也在逐步开展。为了避免因界限不清而导致调查登记的重复或遗漏，保障调查资料的准确性，参照国家统计局《体育产业统计分类(2019)》《体育消费统计分类》(征求意见稿)以及查阅相关资料，对体育消费作出清晰界定，以考察山东省城乡居民消费活动的参与程度，具体产品及消费界定如下：

一、城乡居民

城乡居民指城镇居民(城市居民)和农村居民。本次调查的城乡居民为在山东居住时间达半年以上的个人，官方外交使节、驻外军事人员等非居民不在调查对象之列。

二、体育消费

体育消费是指人们用于体育活动及相关方面的消费，主要包括用于购买体育服装以及运动器材，购买体育期刊、书报等实物型支出，用于观看各种体育比赛、表演、展览等所进行的观赏型的消费以及用于参加各种各样的体育活动、健身训练、体育健康医疗等参与型消费。

(1)体育用品及器材，主要指消费者非穿戴使用的体育物品，如球类、体育器材及配件、训练健身器材、运动防护用具、运动船艇及配件、运动航空器、运动休闲车及配件、潜水装备、武术器械和用品、运动用枪弹、无线电定向设备、体育游艺娱乐用品设备等。

(2)体育服装、鞋帽及配件，主要指消费者穿戴使用的体育物品，如运动服装、运动鞋帽、可穿戴运动监测设备等。

(3)运动饮料、营养品消费，包括运动时购买的饮用水及运动饮料的支出以及蛋白粉、微量元素补剂、能量补充类以及软骨素等相关产品的支出。

(4)体育纪念品消费，包括购买与体育明星、运动项目、体育赛事等相关的，能长时间保存的纪念品的支出。

(5)体育场馆消费，包括规划用途为体育场馆建筑(含全民健身中心)的体育场地。

(6)综合健身房(馆、俱乐部)消费，包括室内多层或一层内含有综合健身及多运动项目、以会员制为基本组织运行形态的体育场地。

(7)体育技能培训消费，包括各种体育培训机构、专项运动俱乐部的体育技能培训和陪练以及青少年、少儿体育培训。

(8)健身私教服务消费，包括综合性健身房(所、俱乐部)的私人教练、单独收费的操课项目。

(9)体育运动医学和创伤治疗消费，包括接受现代西方医学技术对体育运动参加者进行医学监督和指导，从而防治伤病、保障健康、增强体质和提高运动成绩的相关支出。

(10)体育康复疗养和中医运动康复医疗消费，包括采用适量的、定向或者有针对性的机体运动以及针灸等中医手段来帮助身体恢复到正常状态的相关支出。

(11)体育彩票，主要包括以下三类彩票娱乐产品的消费：一是竞猜型体育彩票消费，包括超级大乐透、7位数、排列3、排列5、22选5、七星彩、传统足彩胜负/半全场/进球彩等，在彩票点提前购买预测竞猜结果的娱乐支出。二是即开型体育彩票消费，包括在一个销售点上一次完成购票和兑奖全过程的体育彩票娱乐支出。三是电子类体育彩票消费，包括在网络平台通过电子货币完成购票和兑奖全过程的体育彩票娱乐支出。

(12)其他体育服务消费，指除了上述明确的体育服务消费之外的其他内容。

(13)电子竞技消费,包括体育电子游艺活动,网络(手机)体育游艺、展演、电子竞技等体育娱乐活动。

(14)体育服务网络平台及 App 应用消费,包括互联网、手机体育服务平台。

(15)职业体育竞赛表演消费,包括现场观赏职业俱乐部比赛和运动员展示、交流等活动的门票及相关支出。

(16)非职业体育竞赛表演消费,包括现场观赏除了职业俱乐部比赛、活动之外的其他商业性、市场化体育赛事活动(不含群众体育赛事活动)的门票及相关支出。

(17)群众体育赛事及文化活动消费,包括现场观赏群众体育赛事活动及城乡群众参与的体育文化展演、交流等群众体育文化活动的门票及相关支出。

(18)民族民间体育活动消费,包括现场观赏区域特色、民族民间体育活动的门票及相关支出。

三、体育消费总规模

体育消费总规模是指城乡居民年度内对体育产品和服务的全部消费支出,是衡量一个国家或地区体育消费水平的重要指标。其计算公式为:

体育消费总规模=城乡居民人均体育消费支出×居民人口数量

第三章　山东省城乡居民体育消费行为分析

近年来，体育产业政策红利不断释放，社会资本纷纷涌入，体育产业快速发展，已逐渐成为推动国民经济增长的重要领域，体育消费作为新的消费领域，其市场潜力正在逐步释放和凸显。

第一节　全省城乡居民体育消费支出情况

体育消费水平是指按一定人口平均的体育实物消费资料和体育服务消费资料的消费数量，反映了一定时期内人们体育消费需要的实际满足程度，是衡量一个国家或地区体育产业规模、结构、质量和效益的核心指标，也是全面建设体育强国的重要维度和推动体育与经济社会协同互益发展的重要方面。根据调查情况统计，2019 年山东省城乡居民人均体育消费支出为 2049.8 元，其中体育消费支出水平最高的是青岛市，为 2878.94 元；支出水平最低的是聊城市，为 1785.2 元。16 地市城乡居民人均体育消费支出详见表 3-1。

表 3-1　山东省 16 地市城乡居民体育消费支出情况一览表(单位:元)

	体育用品消费	体育健身休闲消费	体育赛事观赏消费	体育教育培训消费	体育旅游消费	体育文化消费	体育彩票消费	其他	合计
济南	1188.20	317.45	96.80	241.73	477.30	98.20	376.88	33.40	2829.96
青岛	1200.50	297.60	95.60	234.20	552.10	109.50	336.34	53.10	2878.94
淄博	977.68	275.85	54.30	206.90	362.10	82.50	258.73	23.80	2241.86
枣庄	851.60	257.15	56.60	199.50	370.25	76.70	149.45	27.30	1988.55
东营	1018.76	287.90	88.20	205.80	408.50	85.10	253.01	34.80	2382.07
烟台	1118.14	275.60	61.30	210.60	420.45	88.90	150.33	27.40	2352.72
潍坊	949.64	253.40	60.00	198.20	329.50	65.60	237.55	26.50	2120.39
济宁	834.54	261.30	71.30	210.70	384.40	81.20	117.54	26.20	1987.18
泰安	1062.08	285.40	72.90	185.90	313.10	78.60	151.04	27.40	2176.42
威海	940.80	266.20	67.90	193.10	252.50	75.10	264.91	25.50	2086.01
日照	831.02	274.15	54.00	142.00	275.80	84.60	176.56	26.00	1864.13
临沂	805.54	236.35	55.30	134.30	316.50	64.40	210.70	22.10	1845.19
德州	791.66	255.75	55.80	185.00	323.35	74.20	122.15	24.10	1832.01
聊城	797.90	224.20	60.10	192.70	328.25	61.80	95.36	24.30	1785.20
滨州	813.14	229.65	69.30	245.10	362.40	70.60	155.30	27.30	1972.79
菏泽	763.96	247.45	67.40	211.70	395.60	78.80	79.86	24.40	1869.17
合计	893.92	260.25	61.60	181.60	349.35	76.90	200.08	26.10	2049.80

一、济南市居民体育消费支出情况

济南作为山东省会城市，是山东政治、文化和教育中心。近年来，济南市政府多措并举，加快发展体育产业，相继出台了成建制的体育产业发展政策体系，建立了年度体育产业、体育场地调查统计体系。济南成功举办了冬季畅游泉水国际邀请赛、马拉松游泳冠军赛暨世界杯选拔赛、泉城(济南)马拉松等系列高端国际赛事。2019 年,全市拥有体育产业单位 9128 家,从业人员 107032 人。目前,建有国家级体育产业基地 2 个、省级体育产业基地 5 个。2018 年,全市 GDP 为 7856.56 亿元,GDP 总量位居全省第二。这为济南体育产业特别是体育服务业的发展创造了良好条件。同年,济南市体育产业总产出为 381.36 亿元,体育产业增加值为 150.78 亿元,体育产业总产出占全省的 15.5%,位列全省第二;体育产业增加值占全市 GDP 的 1.92%。2019 年,全市常住人口为 890.87 万人,全年全市城乡居民人均体育消费支出为 2829.96 元(详见表 3-2),体育消费总规模为 252.11 亿元。

表 3-2　　济南市城乡居民体育消费支出情况一览表(单位:元)

	体育用品消费	体育健身休闲消费	体育赛事观赏消费	体育教育培训消费	体育旅游消费	体育文化消费	体育彩票消费	其他	合计
钢城	1187.90	324.60	92.30	349.41	248.90	108.00	36.90	213.90	2561.91
槐荫	1391.30	365.90	116.60	298.70	369.00	73.10	730.90	16.60	3362.10
济阳	1025.80	129.10	45.80	105.80	234.30	98.50	125.90	26.50	1791.70
莱芜	1054.90	183.10	34.10	80.10	586.50	14.30	93.50	12.20	2058.70
历城	1413.00	417.70	156.50	367.40	362.40	130.30	513.20	45.90	3406.40
历下	1412.90	457.80	152.90	261.20	741.10	93.40	785.70	46.30	3951.30
平阴	611.50	66.10	78.20	283.16	168.20	88.20	143.50	21.70	1460.56
商河	480.50	16.20	24.70	185.66	157.10	82.30	127.80	4.30	1078.56
市中	1343.80	450.30	68.70	317.20	790.20	108.00	280.10	36.00	3394.30
天桥	1026.70	361.00	119.20	317.70	485.40	98.10	755.30	15.90	3179.30
章丘	950.60	308.90	89.90	276.50	302.80	148.20	218.20	36.30	2331.40
长清	1085.70	229.20	67.00	129.16	459.00	74.80	180.80	10.70	2236.36
合计	1188.20	317.45	96.80	241.73	477.30	98.20	376.88	33.40	2829.96

二、青岛市居民体育消费支出情况

青岛作为沿海经济发达城市，蕴含众多有利于体育产业发展的优势资源。2018 年，全市 GDP 为 12001.5 亿元，GDP 总量位居全省第一。近年来，青岛以加强国际时尚城攻势为牵引，聚力体育强市和健康青岛建设，先后出台《关于促进全民健身和体育消费推动体育产业高质量发展的实施意见》等文件，推动体育消费市场重启复苏。青岛率先规范潜水、帆船、水上摩托艇等涉体海上旅游项目发展，成功举办第十二届青岛国际帆船周·青岛国际海洋节，开展赛事、交流、文体、商贸活动 30 余项，掀起体育旅游嘉年华。召开中国·青岛时尚体育产业大会，搭建体育时尚创意交流和产业合作平台，促进时尚和体育产业深度融合，引领体育产业转型升级。青岛市鼓励社会力量承办赛事活动，初步形成政府引导、市场主导、开门办赛新模式。举办时尚体育节、城市定向赛、周末帆船赛、马术邀请赛、快乐网球赛等时尚赛事；发起成立胶东经济圈体育协同发展联盟，举办胶东经济圈城市青少年云上夏令营、青少年乒乓球赛、网球联盟团体邀请赛、半岛城市帆船赛，筑起区域时尚体育新高地。“哥德杯中国”世界青少年足球赛、青岛国际帆船周·青岛国际海洋节、崂山 100 公里国际山地越野赛 3 项赛事获评“2019 年山东省十大精品赛事”，“远东杯”国际帆船拉力赛等 6 项赛事获评特色赛事等奖项。彰显了体育在青岛市全面建设“开放、现代、活力、时尚”国际大都市中的特殊地位和重要作用，入选国家首批体育消费试点城市。青岛体育产业发展迅速，2018 年体育产业总产出为 561.48 亿元，体育产业增加值为 221.46 亿元，稳居全省第一，体育产业总产出占全省的 22.8%；青岛体育产业增加值占全市 GDP 的 1.85%。青岛市作为首批入选全国体育消费试点城市的城市，积极引导和刺激居民体育消费。2019 年，全市常住人口为 949.98 万人，人均可支配收入为 45452 元，全年全市城乡居民人均体育消费支出为 2885.39 元

(详见表 3-3),体育消费总规模为 274.11 亿元。

表 3-3　　青岛市城乡居民体育消费支出情况一览表(单位:元)

	体育用品消费	体育健身休闲消费	体育赛事观赏消费	体育教育培训消费	体育旅游消费	体育文化消费	体育彩票消费	其他	合计
城阳	1367.20	296.30	208.10	266.40	427.70	184.10	597.50	84.80	3432.10
黄岛	1304.60	310.20	51.40	233.80	495.70	82.30	1426.20	20.00	3924.20
即墨	1141.90	320.80	135.60	271.70	630.50	102.10	324.10	70.60	2997.30
胶州	1322.60	178.80	82.30	133.30	604.90	104.60	415.70	52.80	2895.00
莱西	873.80	109.30	39.50	188.10	133.10	63.10	69.10	12.90	1488.90
崂山	1148.10	295.90	88.80	220.60	539.20	65.70	449.50	41.30	2849.10
李沧	1572.00	447.10	51.10	122.60	729.00	113.50	446.80	25.30	3507.40
平度	899.30	427.60	36.10	236.50	784.40	65.90	72.50	33.40	2555.70
市北	1144.90	316.40	114.60	399.80	560.20	200.60	652.70	123.50	3512.70
市南	1077.90	210.50	92.90	201.20	539.30	108.10	315.60	55.50	2601.00
合计	1200.50	304.05	95.60	234.20	552.10	109.50	336.34	53.10	2885.39

三、淄博市居民体育消费支出情况

淄博市作为齐文化的发祥地、世界足球的起源地,成功承办中国排球超级联赛、中国足球乙联赛等主场赛事。2018 年,全市 GDP 为5068.4 亿元。淄博市体育产业发展迅速,2018 年体育产业总产出为 84.21 亿元,体育产业增加值为 33.42 亿元,体育产业总产出占全省的 3.41%;体育产业增加值占全市 GDP 的 0.66%。全市体育彩票销售额达到11.1 亿元。2019 年,全市常住人口为 469.7 万人,全市居民人均可支配收入为 37543 元,全市人均消费支出为 24537 元,全市城乡居民人均体育消费支出 2885.39 元(详见表 3-4),体育消费总规模为 105.3 亿元。

表 3-4　　淄博市城乡居民体育消费支出情况一览表(单位:元)

	体育用品消费	体育健身休闲消费	体育赛事观赏消费	体育教育培训消费	体育旅游消费	体育文化消费	体育彩票消费	其他	合计
博山	1045.70	254.20	42.20	129.00	211.40	96.40	223.50	22.30	2024.70
高青	1020.10	153.90	38.20	136.70	293.20	120.40	127.40	24.20	1914.10
桓台	1168.20	437.30	133.60	294.27	196.60	103.30	119.50	52.50	2505.27
临淄	1167.40	310.20	64.40	231.20	506.50	208.00	217.90	29.20	2734.80
沂源	342.30	83.40	29.30	207.60	60.00	38.50	98.00	19.30	878.40
张店	1034.30	313.70	56.60	205.70	450.80	75.70	380.20	21.90	2538.90
周村	1191.90	329.70	58.60	373.80	342.50	118.90	259.60	39.00	2714.00
淄川	888.30	268.40	68.60	501.80	312.70	38.50	160.90	29.10	2268.30
合计	977.68	275.85	54.30	206.90	362.10	82.50	258.73	23.80	2241.86

四、枣庄市居民体育消费支出情况

枣庄市是中国首个“全国健身秧歌城市”。近年来,枣庄市着眼构建国民健康载体,积极完善群众身边的体育设施,积极发展体育竞赛表演产业。2016 年以来,枣庄市共举办国际赛事 27 项,国家级赛事 62 项,省级赛事 61 项。台儿庄古城推进“体育+旅游”的融合发展,被评为中国体育旅游精品景区。2018 年,全市 GDP 为 1693.91 亿元。同年,体育产业总产出为 40.32 亿元,体育产业增加值为 15.51 亿元,体育产业总产出占全省的 1.63%;体育产业增加值占全市 GDP 的 0.92%。全市体育彩票销售额达到 5.36 亿元。2019 年,全市常住人口为 393.3 万人,全市居民人均可支配收入为 26291 元,全市城乡居民人均体育消费支出为 1988.55 元(详见表 3-5),体育消费总规模为 78.21 亿元。

表 3-5　　枣庄市城乡居民体育消费支出情况一览表(单位:元)

	体育用品消费	体育健身休闲消费	体育赛事观赏消费	体育教育培训消费	体育旅游消费	体育文化消费	体育彩票消费	其他	合计
山亭	836.30	264.00	141.90	141.76	120.50	26.80	123.80	5.90	1660.90
市中	684.60	247.70	49.60	241.90	465.30	90.50	280.10	32.80	2092.50
台儿庄	918.20	296.60	91.10	226.10	445.70	34.50	94.20	104.20	2210.60
滕州	924.00	257.00	51.10	164.80	319.30	69.70	149.80	16.60	1952.30
薛城	917.80	317.00	98.40	248.79	363.80	182.00	179.90	31.10	2338.80
峄城	819.50	209.70	31.10	280.77	457.00	38.60	56.10	37.20	1929.97
合计	851.60	257.15	56.60	199.50	370.25	76.70	149.45	27.30	1988.55

五、东营市居民体育消费支出情况

东营市是国务院批复确定的中国黄河三角洲中心城市、中国重要的石油基地,连续多年成功举办黄河口(东营)国际马拉松赛等赛事。积极探索"体育+旅游"融合发展,黄河入海生态铁人运动旅游线路被评为2020年十一黄金周山东体育旅游精品线路,黄河口体育旅游基地入选首批山东省体育旅游示范基地。2018年,全市GDP为4152.47亿元。同年,体育产业总产出为39.54亿元,体育产业增加值为13.42亿元,体育产业总产出占全省的1.60%;体育产业增加值占全市GDP的0.32%。2019年,全市常住人口为217.97万人,全市城镇居民人均可支配收入为51128元,全市人均消费支出为30730元,全市城乡居民人均体育消费支出为2382.07元(详见表3-6),体育消费总规模为51.92亿元。

表 3-6　　东营市城乡居民体育消费支出情况一览表(单位:元)

	体育用品消费	体育健身休闲消费	体育赛事观赏消费	体育教育培训消费	体育旅游消费	体育文化消费	体育彩票消费	其他	合计
东营	1066.00	406.60	137.10	272.00	430.90	133.20	250.20	41.90	2737.90
广饶	1041.40	287.90	66.50	240.50	370.20	54.30	136.30	34.80	2231.90
河口	867.40	173.60	38.20	147.40	288.50	80.00	232.70	28.40	1856.20
垦利	1216.80	355.20	112.40	167.90	416.50	52.30	187.80	43.00	2551.90
利津	954.40	191.50	70.80	145.20	482.70	73.90	116.80	26.90	2062.20
合计	1018.76	287.90	88.20	205.80	408.50	85.10	253.01	34.80	2382.07

六、烟台市居民体育消费支出情况

烟台市是国务院批复确定的中国山东半岛的中心城市，环渤海地区重要的港口城市，是国家历史文化名城，也是全国社会足球场地设施建设重点推进城市。近年来，烟台市先后制定《关于加快发展体育产业促进体育消费的实施意见》等政策，促进体育产业发展。2018 年，全市 GDP 为 7832.58 亿元。同年，体育产业总产出为 337.61 亿元，体育产业增加值为 128.18 亿元，体育产业总产出占全省的 13.69%；体育产业增加值占全市 GDP 的 1.64%。全市体育彩票销售额达到 10.73 亿元。2019 年，全市常住人口为 706.4 万人，全市居民人均可支配收入为 37783 元，全市人均消费支出为 25113 元，全市城乡居民人均体育消费支出为 2352.72 元(详见表 3-7)，体育消费总规模为 166.20 亿元。

表 3-7　　烟台市城乡居民体育消费支出情况一览表(单位:元)

	体育用品消费	体育健身休闲消费	体育赛事观赏消费	体育教育培训消费	体育旅游消费	体育文化消费	体育彩票消费	其他	合计
福山	1251.40	326.00	62.00	499.52	259.60	115.10	141.60	38.70	2693.92
海阳	952.90	205.80	32.40	169.40	393.50	176.00	63.60	22.60	2016.20
莱山	1330.80	475.00	141.80	173.00	479.90	166.70	224.70	41.60	3033.50
莱阳	924.10	163.10	48.20	95.92	205.70	61.70	56.30	28.90	1583.92
莱州	1289.50	374.50	46.70	316.24	456.40	89.60	58.90	51.20	2683.04
龙口	1249.80	213.10	77.50	198.60	627.50	67.50	88.80	28.30	2551.10
牟平	1013.50	201.70	82.70	193.30	68.60	0.30	196.90	8.50	1765.50
蓬莱	1295.40	313.60	90.50	107.85	579.60	53.30	132.90	34.30	2607.45
栖霞	1122.80	153.00	96.40	152.24	618.40	112.50	31.50	13.10	2299.94
长岛	946.00	118.70	20.10	66.88	281.50	31.50	65.80	16.70	1547.18
招远	946.50	187.70	62.40	180.50	338.70	93.00	96.60	28.10	1933.50
芝罘	1054.90	397.60	55.50	265.20	484.70	90.90	135.20	13.80	2497.80
合计	1118.14	275.60	61.30	210.60	420.45	88.90	150.33	27.40	2352.72

七、潍坊市居民体育消费支出情况

潍坊市是国务院批复确定的中国山东半岛的中心城市、新一批城市开展创新型城市。近年来,潍坊市设立体育产业发展引导资金,出台《关于加快发展体育产业促进体育消费的实施方案》《创建星级体育俱乐部的实施意见》等,着力打造以潍坊国际风筝会、“鲁能潍坊杯”国际青年足球邀请赛、潍坊滨海国际风筝冲浪锦标赛、中国龙舟公开赛等多个大型品牌赛事。积极推进大型体育场馆免费、低收费开放,全市目前拥有 5 个大型体育场馆和 1 个社会资金建设的场馆，全部向社会免费、低收费开放。积极推进教体融合开展足球进校园活动，全市已有 150 家足球特色项目学校。2018 年，全市 GDP 为 6156.8 亿元。同年，体育产业总产出为 161.45 亿元，体育产业增加值为 60.74 亿元，体育产业总产出占全省的 6.55%；体育产业增加值占全市 GDP 的 0.99%。2019 年，全市常住人口为 927.72 万人，全市居民人均可支配收入为 32518 元，全市人均消费支出为 26103 元，全市城乡居民人均体育消费支出为 2120.4 元(详见表 3-8)，体育消费总规模为 196.71 亿元。

表 3-8　　潍坊市城乡居民体育消费支出情况一览表(单位:元)

	体育用品消费	体育健身休闲消费	体育赛事观赏消费	体育教育培训消费	体育旅游消费	体育文化消费	体育彩票消费	其他	合计
安丘	937.50	135.90	51.20	91.90	291.40	77.70	159.70	11.10	1756.40
昌乐	862.60	209.10	90.20	114.10	344.00	86.00	161.70	30.10	1897.80
昌邑	1246.60	390.20	61.50	219.30	296.40	69.90	277.80	18.70	2580.40
坊子	1178.50	295.10	31.10	295.10	350.50	58.40	166.30	50.80	2425.80
高密	825.90	228.20	25.40	244.90	244.30	45.00	204.70	19.20	1837.60
寒亭	740.20	161.30	37.80	109.60	261.70	87.00	210.70	17.50	1625.80
奎文	1010.60	453.20	40.20	364.34	385.40	50.30	554.50	19.70	2878.20
临朐	899.00	269.80	119.10	212.90	243.30	58.10	159.20	27.70	1989.10
青州	702.70	125.10	32.30	456.45	321.70	43.70	280.50	14.30	1976.80
寿光	1228.80	260.90	63.60	128.80	459.10	63.80	196.80	52.40	2454.20
潍城	936.10	163.40	63.80	372.60	386.00	17.70	341.30	10.70	2291.60
诸城	753.50	184.40	42.10	381.90	636.20	64.10	204.70	16.60	2283.50
合计	949.64	253.40	60.00	198.20	329.50	65.60	237.55	26.50	2120.40

八、济宁市居民体育消费支出情况

济宁市是山东省政府批复的淮海经济区中心城市之一，也是历史文化名城、滨水生态旅游城市。2018 年，全市 GDP 为 49304.58 亿元。同年，体育产业总产出为 120.83 亿元，体育产业增加值为 46.30 亿元，体育产业总产出占全省的 4.90%；体育产业增加值占全市 GDP 的 0.94%。2019 年，全市常住人口为 835.6 万人，全市居民人均可支配收入为 28055 元，全市人均消费支出为 17165 元，全市城乡居民人均体育消费支出为 1987.18 元（详见表 3-9），体育消费总规模为 166.05 亿元。

表 3-9　　济宁市城乡居民体育消费支出情况一览表（单位：元）

	体育用品消费	体育健身休闲消费	体育赛事观赏消费	体育教育培训消费	体育旅游消费	体育文化消费	体育彩票消费	其他	合计
嘉祥	920.40	264.40	65.00	172.30	253.90	80.20	54.40	25.60	1836.20
金乡	814.60	204.40	22.60	139.00	495.10	94.30	91.50	14.20	1875.70
梁山	538.20	173.00	74.00	143.80	357.80	66.50	58.20	18.10	1429.60
曲阜	1016.50	249.00	60.70	256.10	667.70	62.20	95.10	28.90	2436.20
任城	923.00	357.80	153.30	216.60	495.00	106.40	292.30	29.80	2574.20
泗水	633.60	118.30	45.20	201.40	248.50	78.30	26.70	19.40	1371.40
微山	548.10	130.10	121.10	125.03	17.00	92.70	99.40	6.10	1139.50
汶上	720.00	222.40	81.60	288.58	176.80	43.90	62.20	43.20	1638.68
兖州	1193.60	383.00	13.70	413.50	271.90	69.20	134.00	22.80	2501.70
鱼台	684.10	86.50	0.00	665.35	76.90	8.50	96.10	0.00	1617.45
邹城	987.40	524.10	53.40	279.40	529.40	60.10	101.50	81.80	2617.10
合计	834.54	261.30	71.30	210.70	384.40	81.20	117.54	26.20	1987.18

九、泰安市居民体育消费支出情况

泰安市是鲁中地区中心城市之一，也是中国优秀旅游城市、国家历史文化名城。近年来，泰安市先后印发《关于加快发展体育产业促进体育消费的实施意见》《关于印发泰安市市级体育产业发展资金管理暂行办法的通知》等文件，建立落实体育产业发展领导小组联席会议制度，成功举办泰山国际马拉松赛、"泰山冠军"登山系列大奖赛、环泰山 60 公里徒步走等赛事活动，协调推进泰山、东平湖、天颐湖等体育休闲运动基地建设，推动体育与文化、旅游等产业的融合发展。2018 年，全市 GDP 为3651.5 亿元。同年，体育产业总产出为 53.08 亿元，体育产业增加值为 24.03 亿元，体育产业总产出占全省的 2.15%；体育产业增加值占全市 GDP 的 0.66%。全市体育彩票销售额达到 12.2 亿元。2019 年，全市常住人口为 563.5 万人，全市居民人均可支配收入为 29690 元，全市城乡居民人均体育消费支出为 2176.42 元（详见表 3-10），体育消费总规模为 122.64 亿元。

表 3-10　　泰安市城乡居民体育消费支出情况一览表(单位:元)

	体育用品消费	体育健身休闲消费	体育赛事观赏消费	体育教育培训消费	体育旅游消费	体育文化消费	体育彩票消费	其他	合计
岱岳	1177.50	241.60	56.00	258.10	332.40	38.10	174.20	35.40	2313.30
东平	1084.70	7.70	78.30	231.44	539.30	134.40	89.30	0.00	2165.14
肥城	812.60	198.50	9.60	71.59	282.70	42.30	97.80	6.50	1521.59
宁阳	784.70	170.50	41.80	248.38	411.30	90.10	127.00	28.70	1902.48
泰山	1536.80	541.00	124.50	210.90	247.00	169.10	174.90	37.40	3041.60
新泰	969.90	432.90	175.10	183.60	222.80	54.20	92.40	54.80	2185.70
合计	1062.08	285.40	72.90	185.90	313.10	78.60	151.04	27.40	2176.42

十、威海市居民体育消费支出情况

威海市是国务院批复确定的中国山东半岛的区域中心城市，也是重要的海洋产业基地和滨海旅游城市。近年来，该市出台了《关于公共体育服务体系建设的实施意见》等文件，开展公共体育服务条件良好，每千人拥有社会体育指导员 5.7 名，拥有国家级体育产业基地 4 个、省级体育产业基地 9 个，人均场地面积 3.07 平方米。成功打造了威海国际帆船赛、威海国际长距离铁人三项赛、国际青少年网球巡回赛、千里海岸线全国徒步大会等品牌赛事活动。积极探索“体育＋温泉养生”的体育产业发展新模式，在市立医院、中心医院探索体医结合的新路子，成为全省体卫融合发展的新典范。2018 年，全市 GDP 为 3641.48 亿元。同年，体育产业总产出为 198.34 亿元，体育产业增加值为 73.11 亿元，体育产业总产出占全省的 8.04%；体育产业增加值占全市 GDP 的 2.11%。2019 年，全市常住人口为 283.60 万人，全市居民人均可支配收入为 39593 元，全市人均消费支出为 25421 元，全市城乡居民人均体育消费支出为 2086.01 元(详见表 3-11)，体育消费总规模为 59.16 亿元。

表 3-11　　威海市城乡居民体育消费支出情况一览表(单位:元)

	体育用品消费	体育健身休闲消费	体育赛事观赏消费	体育教育培训消费	体育旅游消费	体育文化消费	体育彩票消费	其他	合计
环翠	1301.50	472.90	145.40	320.70	296.70	145.60	95.20	64.70	2842.70
荣成	645.30	143.30	37.90	146.00	176.10	65.30	238.40	10.90	1463.20
乳山	1027.60	263.60	33.70	148.30	322.20	56.50	109.50	16.10	1977.50
文登	868.10	235.70	74.60	191.90	220.30	55.90	146.60	21.40	1814.50
合计	940.80	266.20	67.90	193.10	252.50	75.10	264.91	25.50	2086.01

十一、日照市居民体育消费支出情况

日照市是“龙山文化”的发祥地之一，也是全国首批体育消费试点城市。日照市扎实推进“现代化海滨体育名城”建设，积极扩大体育服务供给力度，大力发展体育产业，加快推进体育产业扩容提质、动能转换，打造了一批优质体育产业示范项目，拥有国家级体育产业基地 1 个、省级体育产业基地 5 个、国家级体育旅游精品线路 2 条。日照奥林匹克水上运动小镇入选第一批国家级运动休闲特色小镇试点项目，奥林匹克水上运动公园获评国家级体育综合体典型案例。积极推进“体育＋”服务发展模式，“体医融合”经验在全省推广。积极打造滨海体育名城，创建全国全民运动健身模范市，打造“10 分钟健身圈”，全市经常参加体育锻炼人数比例达到 45％。构建了“春打太极拳、夏开水运会、秋跑马拉松、冬办体操节、四季打网球、全年下围棋”的赛事格局。体育产业从业人员 10880 人，全市每千人拥有社会体育指导员 6 名。2019 年，全市 GDP 为 1949.38 亿元。同年，体育产业实现总产出 58.5 亿元，创造增加值 23.78 亿元，体育产业总产出占全省的 2.01％；体育产业增加值占全市 GDP 的 1.22％。2019 年，全市常住人口为 283.60 万人，全市居民人均可支配收入为 27577 元，全市人均消费支出为 16471 元，全市城乡居民人均体育消费支出为 1864.13 元(详见表 3-12)，体育消费总规模为 52.87 亿元。

表 3-12　　日照市城乡居民体育消费支出情况一览表(单位:元)

	体育用品消费	体育健身休闲消费	体育赛事观赏消费	体育教育培训消费	体育旅游消费	体育文化消费	体育彩票消费	其他	合计
东港	1086.60	665.90	171.30	414.48	359.40	222.10	112.30	79.00	3111.08
莒县	781.40	216.20	39.50	102.83	250.50	68.50	59.90	18.70	1537.53
岚山	1055.70	282.60	88.20	196.00	460.80	78.20	159.60	50.00	2371.10

续表

	体育用品消费	体育健身休闲消费	体育赛事观赏消费	体育教育培训消费	体育旅游消费	体育文化消费	体育彩票消费	其他	合计
五莲	1085.90	660.50	65.30	325.70	432.60	131.20	129.60	39.80	2870.60
合计	831.02	274.15	54.00	142.00	275.80	84.60	176.56	26.00	1864.13

十二、临沂市居民体育消费支出情况

临沂市作为山东省的地级市，是国务院批复确定的山东省地区中心城市，也是现代工贸城市和商贸物流中心。临沂百里滨河健身长廊被国家体育总局命名为“全民健身体育运动示范基地”。2018 年，全市 GDP 为 4717.8 亿元。同年，体育产业总产出为 114.83 亿元，体育产业增加值为45.20 亿元，体育产业总产出占全省的 4.66%；体育产业增加值占全市 GDP 的 0.96%。全市体育彩票销售额达到 32.19 亿元。2019 年，全市常住人口为 1066.71 万人，全市居民人均可支配收入为 27619 元，全市人均消费支出为 14483 元，全市城乡居民人均体育消费支出为 1845.19 元（详见表 3-13），体育消费总规模为 196.83 亿元。

表 3-13　　临沂市城乡居民体育消费支出情况一览表(单位:元)

	体育用品消费	体育健身休闲消费	体育赛事观赏消费	体育教育培训消费	体育旅游消费	体育文化消费	体育彩票消费	其他	合计
费县	809.50	231.00	223.30	426.23	548.00	72.10	103.00	255.50	2668.63
河东	950.20	274.20	98.50	341.00	181.00	155.80	507.00	28.20	2535.90
莒南	782.20	214.10	42.90	111.30	315.60	59.90	62.20	18.70	1606.90
兰陵	924.50	641.40	285.80	276.83	431.70	88.70	62.20	30.10	2741.23

续表

	体育用品消费	体育健身休闲消费	体育赛事观赏消费	体育教育培训消费	体育旅游消费	体育文化消费	体育彩票消费	其他	合计
兰山	1220.00	662.80	168.40	456.71	331.10	128.70	406.40	34.10	3408.21
临沭	778.00	257.30	315.00	366.70	176.60	68.70	73.70	81.80	2117.80
罗庄	1035.40	439.40	294.00	306.80	433.60	248.80	384.90	115.20	3258.10
蒙阴	709.70	75.80	454.20	465.81	497.70	45.80	107.20	6.50	2362.71
平邑	909.00	195.00	6.20	386.88	92.50	20.30	116.10	12.70	1738.68
郯城	1162.90	555.40	192.00	234.53	329.40	72.60	66.00	130.00	2742.83
沂南	954.10	150.40	247.60	420.57	364.70	3.60	66.00	42.90	2249.87
沂水	970.80	335.50	177.90	302.70	352.40	96.90	88.10	131.00	2455.30
合计	805.54	236.35	55.30	134.30	316.50	64.40	210.70	22.10	1845.19

十三、德州市居民体育消费支出情况

德州市是国务院批复确定的中国冀鲁交界地区交通枢纽和经济中心、山东省新能源产业基地，也是山东省首个国家级体育产业基地。德州市重视体育产业发展，先后制定《关于加快推进体育产业发展意见》《关于加快发展体育产业促进体育消费的实施意见》等，成立体育产业链链长办公室，专门推进体育产业发展工作。德州市委、市政府将体育装备制造业纳入全市 10 个特色优势产业重点推进。2015 年，德州市被国家发改委、国家体育总局确定为山东省唯一的“体育产业联系点城市”。目前，拥有国家级体育产业基地 4 个、省级体育产业基地 4 个，宁津、乐陵与庆云三县(市)签署加快区域协同联动发展框架协议，打造区域协同发展共同体。全市体育企业数量达到 1969 家，从业人数 10 万人。2018 年，全市 GDP

为 3380.3 亿元。同年，体育产业总产出为 138.82 亿元，体育产业增加值为 57.41 亿元，体育产业总产出占全省的 5.63%；体育产业增加值占全市 GDP 的 1.70%。2019 年，全市常住人口为 574.85 万人，全市居民人均可支配收入为 22608 元，全市城乡居民人均体育消费支出为 1832.01 元（详见表 3-14），体育消费总规模为 105.31 亿元。

表 3-14　　德州市城乡居民体育消费支出情况一览表(单位:元)

	体育用品消费	体育健身休闲消费	体育赛事观赏消费	体育教育培训消费	体育旅游消费	体育文化消费	体育彩票消费	其他	合计
德城	1121.40	507.50	104.90	252.00	488.00	105.90	130.70	15.70	2726.10
乐陵	736.50	231.10	37.20	138.41	300.70	73.00	40.50	16.60	1574.01
临邑	1055.00	276.20	116.30	245.40	308.20	57.60	67.60	86.60	2212.90
陵城	818.20	301.90	102.00	276.60	374.50	90.40	57.10	41.70	2062.40
宁津	925.50	575.80	5.70	447.66	336.70	242.60	82.10	73.60	2689.66
平原	857.80	221.00	58.00	148.60	219.40	60.90	60.20	18.60	1644.50
齐河	774.30	212.60	52.80	368.40	559.50	60.50	120.70	27.50	2176.30
庆云	888.10	245.00	86.60	304.47	335.50	69.10	65.70	66.60	2061.07
武城	527.80	0.00	93.30	400.03	326.70	30.00	60.40	0.00	1438.23
夏津	947.70	328.30	47.70	409.69	213.10	69.30	29.90	138.80	2184.49
禹城	1087.80	592.80	362.10	579.38	456.50	15.30	81.30	32.50	3207.68
合计	791.66	255.75	55.80	185.00	323.35	74.20	122.15	24.10	1832.01

十四、聊城市居民体育消费支出情况

聊城市是国家历史文化名城。2018 年，全市 GDP 为 2259.82 亿元。同年，体育产业总产出为 38.48 亿元，体育产业增加值为 15.76 亿元，体育产业总产出占全省的 1.56%；体育产业增加值占全市 GDP 的 0.70%。2019 年，全市常住人口为 609.83 万人，全市居民人均可支配收入为 21602 元，全市人均消费支出为 13823 元，全市城乡居民人均体育消费支出为 1786.76 元（详见表 3-15），体育消费总规模为 108.96 亿元。

表 3-15　　聊城市城乡居民体育消费支出情况一览表（单位：元）

	体育用品消费	体育健身休闲消费	体育赛事观赏消费	体育教育培训消费	体育旅游消费	体育文化消费	体育彩票消费	其他	合计
茌平	459.10	110.80	32.30	141.19	241.00	45.00	125.20	25.30	1179.89
东阿	970.40	10.90	60.00	120.00	452.70	127.40	99.40	68.10	1908.90
东昌府	1025.30	472.10	64.60	173.10	617.10	35.50	78.00	23.10	2488.80
高唐	629.40	247.20	91.80	206.48	69.30	11.60	78.60	11.90	1346.28
冠县	733.70	221.10	40.30	187.76	225.60	15.80	43.10	7.10	1474.46
临清	757.40	188.40	50.70	243.04	190.60	108.90	35.10	22.70	1596.84
莘县	935.10	186.70	94.30	232.72	440.50	90.30	55.40	32.90	2067.92
阳谷	924.70	206.80	48.70	196.00	260.00	78.00	49.70	23.10	1787.00
合计	797.90	226.35	60.10	192.70	328.25	61.80	95.36	24.30	1786.76

十五、滨州市居民体育消费支出情况

滨州市是黄河文化和齐文化的发祥地之一，也是国家级交通运输主枢纽城市。近年来，滨州市体育产业政策环境不断优化，先后出台《滨州市体育产业发展引导资金使用管理暂行办法》《关于促进全民健身和体育消费推动体育产业高质量发展的若干意见》《滨州市星级体育健身俱乐部培育创建规范》等。现有国家级体育产业示范基地 1 个、省级体育产业基地 5 个。打造了环滨州黄河风情带国际公路自行车赛、马拉松赛、沿黄自行车赛等品牌赛事。全市共拥有免费、低收费开放体育场馆 7 家，体育场馆建设与运营情况良好。作为山东省冰雪运动消费券试点城市，完成阳信东山滑雪场"山东省冰雪运动消费券"试点活动单位申报工作。2018 年，全市 GDP 为 2640.5 亿元。同年，体育产业总产出为 44.97 亿元，体育产业增加值为 18.51 亿元，体育产业总产出占全省的 1.82%；体育产业增加值占全市 GDP 的 0.70%。2019 年全市常住人口为 392.3 万人，全市居民人均可支配收入为 28517 元，全市城乡居民人均体育消费支出为 1972.79 元（详见表 3-16），体育消费总规模为 77.39 亿元。

表 3-16　　滨州市城乡居民体育消费支出情况一览表（单位：元）

	体育用品消费	体育健身休闲消费	体育赛事观赏消费	体育教育培训消费	体育旅游消费	体育文化消费	体育彩票消费	其他	合计
滨城	883.80	297.40	123.90	626.83	366.10	67.50	124.90	19.70	2510.10
博兴	1021.80	66.30	75.70	375.20	499.70	77.70	168.40	141.70	2426.50
惠民	935.70	359.60	188.70	441.70	364.30	122.00	48.70	93.60	2554.30
无棣	718.80	370.00	57.70	195.40	400.20	85.80	60.30	61.60	1949.80
阳信	562.90	181.20	34.20	338.10	493.00	54.70	41.00	30.00	1735.10
沾化	730.00	73.00	24.00	191.70	0.00	42.60	52.20	2.00	1115.50
邹平	798.60	190.90	39.10	107.33	355.90	62.70	202.90	11.50	1769.00
合计	813.14	229.65	69.30	245.10	362.40	70.60	155.30	27.30	1972.79

十六、菏泽市居民体育消费支出情况

菏泽市是中国牡丹之都，也是著名的武术之乡。2018 年，全市 GDP 为 3078.78 亿元。同年，体育产业总产出为 106.57 亿元，体育产业增加值为 44.87 亿元，体育产业总产出占全省的 4.32%；体育产业增加值占全市 GDP 的 1.46%。全市体育彩票销售额达到 2.4 亿元。2019 年，全市常住人口为 878.17 万人，全市居民人均可支配收入为 20673 元，全市人均消费支出为 14444 元，全市城乡居民人均体育消费支出为 1869.2 元（详见表 3-17），体育消费总规模为 164.15 亿元。

表 3-17　　菏泽市城乡居民体育消费支出情况一览表(单位:元)

	体育用品消费	体育健身休闲消费	体育赛事观赏消费	体育教育培训消费	体育旅游消费	体育文化消费	体育彩票消费	其他	合计
曹县	587.60	172.10	49.30	227.10	600.10	162.90	94.80	43.80	1937.70
成武	527.40	91.30	46.60	148.40	48.10	54.10	69.90	4.20	990.00
单县	798.60	338.20	94.70	233.50	341.70	69.00	55.80	18.00	1949.50
定陶	1036.30	207.60	8.00	235.70	503.10	5.70	49.50	0.00	2045.90
东明	856.00	35.90	15.00	325.00	182.80	50.00	77.40	6.90	1549.00
巨野	371.40	0.00	0.00	227.00	21.00	0.00	89.60	13.50	722.50
鄄城	906.00	287.40	53.30	193.90	485.00	107.00	49.80	61.50	2143.90
牡丹	1032.30	305.20	57.60	208.60	498.40	71.00	86.80	36.00	2295.90
郓城	642.10	298.00	148.60	117.80	1071.40	77.80	36.90	19.20	2411.90
合计	763.96	247.45	67.40	211.70	395.60	78.80	79.86	24.40	1869.20

第二节　全省居民体育消费结构分析

体育消费结构是指人们在体育消费过程中的多种消费资料和劳务的构成或比例关系，它是反映居民体育消费质量变化状况以及内在构成合理化程度的重要标志。消费结构不仅反映居民的消费内容、消费水平和消费质量以及居民消费需要满足的程度，而且也是社会生产目的实现程度、各项经济政策正确与否以及正确程度的反映。

按照国家体育总局《体育消费分类统计办法》，此次调查将体育消费分为体育用品消费、健身休闲消费、体育观赛消费、体育教育培训消费、体育旅游消费、体育文化消费、体育彩票消费、其他体育消费 8 个类别。调查结果显示，全省居民目前体育消费仍以实物性消费为主。体育用品消费是体育消费的主要内容。体育用品制造产值仍以绝对优势占据我国体育产业的“半壁江山”。体育用品消费支出 893.92 元、体育旅游消费支出为 349.35 元、体育健身休闲消费支出为 260.25 元、体育彩票消费支出为 200.08 元和体育教育培训消费支出为 181.6 元，分别位居人均体育消费支出额度的前 5 位，详见图 3-1、表 3-18。分析、研究居民体育消费结构，对深入了解居民的体育消费行为、体育产业结构的变化乃至社会的消费水平、社会消费变动趋势都有非常重要的作用。

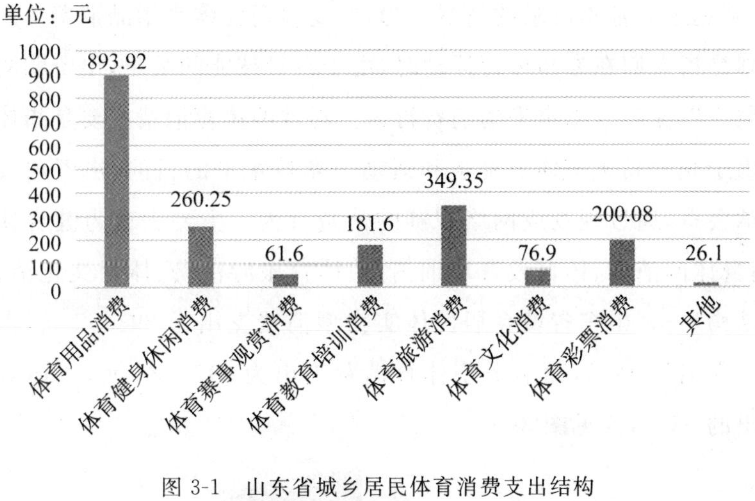

图 3-1　山东省城乡居民体育消费支出结构

表 3-18　　2019 年山东省城乡居民人均体育消费支出情况

	消费额(元)	占体育消费支出比例(%)	排序
体育用品消费	893.92	43.61	1
体育旅游消费	349.35	17.04	2
健身休闲消费	260.45	12.70	3

续表

	消费额(元)	占体育消费支出比例(%)	排序
体育彩票消费	200.08	9.76	4
体育教育培训消费	181.60	8.86	5
体育文化消费	76.90	3.75	6
体育观赛消费	61.60	3.00	7
其他体育消费	26.10	1.27	8
合计	2049.80		

按照消费内容可以将体育消费分为实物型消费和服务型消费(包括观赏型消费)两种。实物型消费是指人们在进行体育活动时购买的运动装备,满足运动基本需求的消费行为,主要表现为体育用品消费。服务型消费则是指人们在参与体育运动时,由于自身技能的缺乏,出资购买专业指导服务以提高技术水平的消费行为。观赏型体育消费主要是指体育爱好者出于观赏高水平体育赛事和运动员竞技水平的目的,出资购买门票或缴纳会费,通过现场或网络观赛的消费行为。主要表现为健身休闲消费、健身休闲消费、体育教育培训消费、体育旅游消费、体育文化消费等。调查结构显示,山东省城乡居民体实物型消费支出为 893. 92 元,占体育消费总支出的 44%,而服务型体育消费支出为 1155. 88 元,占体育消费总支出的 56%,详见图 3-2。

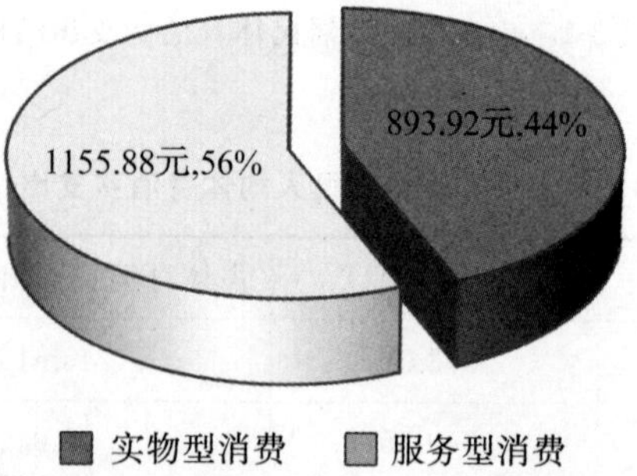

图 3-2　山东省城乡居民体育消费结构统计

一、体育用品消费

体育用品是居民参与体育活动的基本物质保障。体育用品制造业是体育产业的支柱性产业，往往占到体育产业总规模的50%左右，近年来呈现出向体育服务业转移的趋势。2018年，全国体育产业总规模为26579亿元，体育用品及相关产品制造业总规模为13201亿元，占体育产业总规模的49.7%。同年，山东省体育产业总规模为466.55亿元，体育用品及相关产品制造业总规模为963.52亿元，占全省体育产业总规模的39.1%。体育用品消费是指城乡居民个人和家庭在进行体育教育培训、竞技运动训练和体育健身休闲的过程中购买或租赁相关物品的支出，主要包括健身器材、器械支出，专项运动用品支出，运动服饰支出，运动护具支出，运动康复用品支出，运动车、船、航空器支出，户外运动休闲用品支出，其他体育用品支出，体育用品维修费用支出。

体育用品消费是体育消费的主要内容，全省城乡居民人均体育用品消费支出为839.92元，占体育消费支出的44%，与体育用品及相关产品制造业在体育产业总规模中的占比基本吻合。居民在体育用品消费中，以运动服饰、鞋帽袜的消费为主，支出达到446.22.7元，占体育用品消费支出的49.92%；其次为运动器材、器械消费，支出为114.3元，占体育用品消费的13.6%；支出最少的是体育用品维修，支出为16.5元，仅占体育用品消费支出的1.85%。详见图3-3。运动服饰、鞋帽袜的消费支出最高，还有一个重要原因，即该类消费兼有运动和日常生活两方面的效用，迎合了多数群体不运动也穿着运动服饰的消费心态和习惯。参与体育活动是山东省城乡居民进行体育用品消费的主要动机，而收入、产品质量、品牌、价格是影响居民体育用品消费的主要因素。

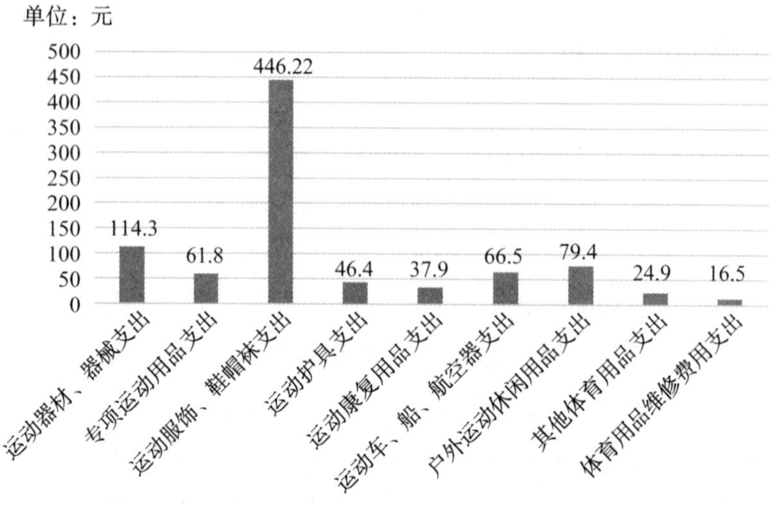

图 3-3　山东省城乡居民不同类别体育用品消费支出情况

二、体育旅游消费

体育旅游是体育与旅游相结合的健身方式。体育旅游消费是指居民以体育运动为核心，以现场观赛、参与体验及参观游览为主要形式，以满足健康娱乐、旅游休闲为目的的消费活动的费用支出。体育旅游消费强调体育的原发性消费，以及食住行游购娱等必要的伴随性消费，主要包括体育活动本身的游览、娱乐、研学支出，餐饮、住宿、出行、购物、其他消费支出。随着国民休闲体系的形成，大众的休闲旅游消费观念越来越强，使得旅游产品向休闲、运动等多个方向发展，旅游者从传统的观赏型旅游向参与体验型旅游发展，要自身参与到旅游项目中去，促进身体健康，加强体育锻炼。在全国节假日以及周末来临之时纷纷选择外出旅游，形成全民体育旅游热。体育旅游产业正成为提升人民群众生活质量的幸福产业。体育旅游消费亦正成为山东省城乡居民体育消费的新趋势。调查结果显示，全省城乡居民人均体育旅游消费支出 349.35 元，占人均体育消费支出的 17.04%。其中，参加体育活动本身游览、娱乐、研学支出为

112.5 元，有效撬动了体育旅游中的餐饮、住宿、出行、购物和其他消费支出，分别为 187.95 元和 48.9 元，见图 3-4。

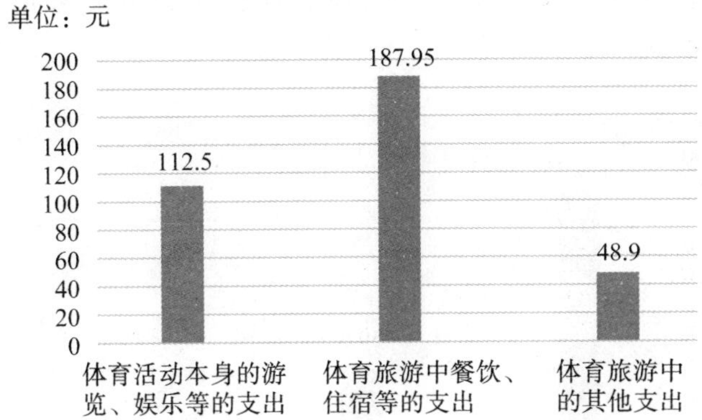

图 3-4　山东省城乡居民人均体育旅游消费支出结构

三、体育健身消费

体育健身休闲是社会公众参与体育最直接的领域，是体育产业的核心和基础，也是体育全面发展的重要动力。体育健身休闲产业是体育产业的本体、核心产业，是以体育运动为载体、以参与体验为主要形式、以促进身心健康为目的，向大众提供相关产品和服务的一系列经济活动，具有较强的关联性，经济带动作用明显。体育健身消费是指普通居民为了增强体质、娱乐身心、强身祛病等目的，以各种身体活动或练习为主要表现形式的健身娱乐活动方面的服务性支出。旅游性（非定居者的旅行和暂时居留）健身休闲活动引致的费用支出除外，主要包括会费支出、场租费支出、体育保健与康复服务消费支出。

2019 年，国家体育总局和国家发改委联合印发《进一步促进体育消费的行动计划》的通知，指出要大力发展健身休闲消费，重点支持消费引领性强的健身休闲项目发展，推动水上运动、山地户外、航空运动、汽摩运动、马拉松、自行车、击剑等运动项目产业发展规划的细化落实，形成新的体育消费热点。根据课题组的调查结果显示,全省城乡居民人均体育旅游消费支出 260.45 元,占人均体育消费支出的 12.70%。其中,会费支出 179.25 元,场租费支出 59.6 元,体育保健于康复服务消费支出为 21.6 元,见图 3-5。

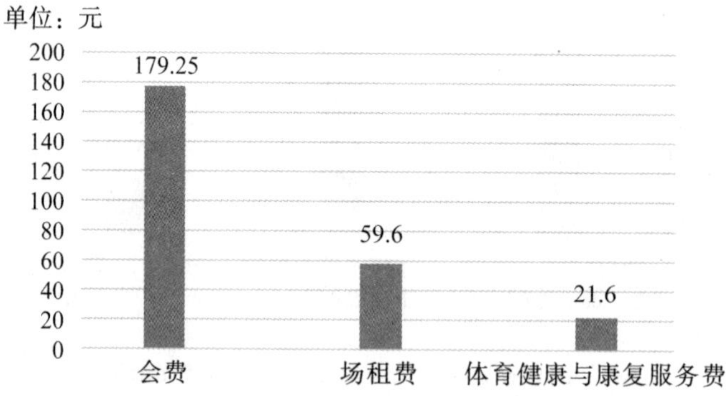

图 3-5　山东省城乡居民人均体育健身消费支出结构

四、体育彩票消费

体育彩票是为筹集体育事业发展资金发行的,印有号码、图形或文字,供人们自愿购买并按照特定规则获取中奖权力的书面凭证。体育彩票消费是居民在购买体育彩票时的消费支出。山东省是全国体育彩票销售大省,2019 年全省共销售体育彩票 201.4 亿元,筹集公益金 49.05 亿元。按照 2019 年山东省常住人口 10070 万核算,城乡居民年人均体育彩票消费支出为 200.08 元。

五、体育教育培训消费

体育培训消费是指居民接受体育相关专业学历教育所支付的最基本的教育支出,以及基本教育之外的运动技能培训费、考试费和咨询费等扩展性、选择性消费支出,主要包括体育学历教育消费、非学历体育技能培训消费、取得体育职业资格的消费、体育咨询服务消费支出。在体教融合、普职融通、教育评价整体改革的大背景下，体育技能培训、体育职业培训、体育学历教育蕴含无尽商机，体育教育培训迎来新的发展机遇，体育教育培训产业快速发展。越来越多的家庭认知到了“体育育人”的意义，以及庞大的潜在受教育人口基数，决定了体育教育培训市场的广阔空间。

2018年，全国体育教育与培训产业总产出为1722亿元，占体育产业总产出的6.5%。根据相关数据预测显示，未来几年体育培训行业将蓬勃发展，行业规模将占整个体育行业的比重大约为20%。2018年，山东省体育教育与培训产业规模为116.28亿元，占全省体育产业总产出的4.7%，低于全国占比。此次调查显示，2019年山东省城乡居民人均体育教育培训消费支出181.6元，占体育消费总支出的8.86%。体育教育培训支出中，以体育技能培训消费支出为主，人均84.1元；其次为体育学历教育消费支出、体育职业资格消费支出和体育咨询服务消费支出，分别为72.3元、17.1元、8.1元，详见图3-6。

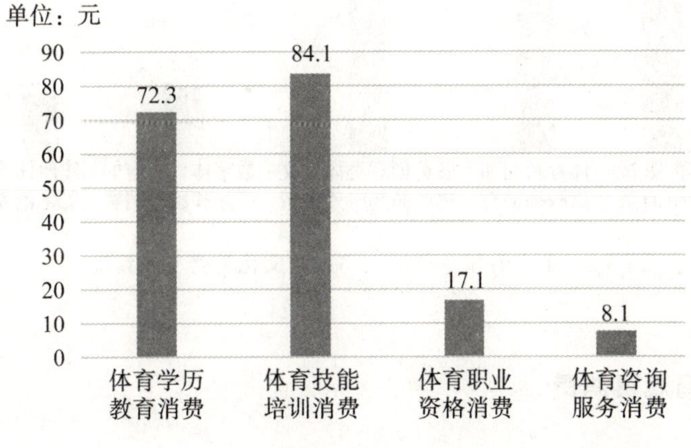

图3-6　山东省城乡居民人均体育教育培训消费支出结构

六、体育文化消费

体育文化是指人类在从事与人体运动有关的活动中所产生的物质与

精神财富。体育文化消费是指居民为了满足自己的精神文化生活而消费体育文化类产品和服务的支出，换句话说，就是对体育文化类产品及服务的占有、欣赏、享受和使用，主要包括体育影视作品消费、体育新闻和出版物消费、展览创意类体育文化产品和服务消费、数字体育内容的产品和服务消费和其他体育文化消费。

体育文化消费会影响居民体育价值观念、审美意识、体育活动质量，在体育消费中具有不可替代的作用。全省城乡居民人均体育文化消费支出为 76.9 元，占体育消费总支出的 3.75%。其中，体育影视作品消费支出为 23.5 元，占体育文化消费支出的比重最高。其后，依次为数字体育内容的产品和服务消费、展览创意类体育文化产品和服务消费、其他体育文化消费、体育新闻和出版物消费，分别为 19.5 元、18.4 元、8.2 元、7.3 元，详见图 3-7。

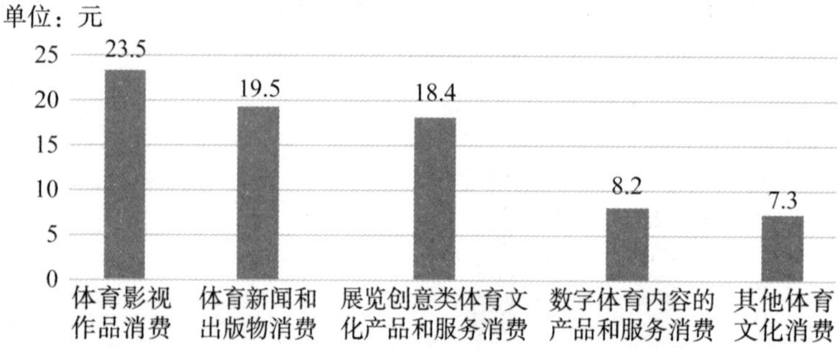

图 3-7　山东省城乡居民人均体育文化消费支出情况

七、体育观赛消费

体育竞赛表演产业是体育产业的本体、核心产业，表现为体育竞赛表演组织者为满足消费者运动竞技观赏需要，向市场提供各类运动竞技表演产品而开展的一系列经济活动。发展体育竞赛表演产业对挖掘和释放消费潜力、保障和改善民生、打造经济增长新动能具有重要意义。体育观赛消费是指居民购买门票或支付订阅费，通过观看、欣赏各种体育比赛，以达到视觉和心理满足的各种消费支出，主要包括体育赛事门票、体育赛事节目订阅。门票收入、电视转播权销售、商业赞助是体育赛事活动的最主要收入来源。但目前国内体育竞赛表演产业发展存在有效供给不充分、总体规模不大、大众消费不积极等问题。为破解上述难题，国务院办公厅印发《关于加快发展体育竞赛表演产业的指导意见》，加快体育竞赛表演产业发展。山东省作为体育强省，近些年通过设立体育产业发展引导资金，率先在全国开展省级精品赛事评选，积极引进和培育具有时代特色的体育赛事，赛事数量、赛事级别等明显提升，体育赛事项目种类丰富齐全，赛事数量、赛事级别等明显提升。2019 年，全省共举办各级各类赛事 2205 场，其中省级及以上赛事 881 场、国际赛事 115 场，体育竞赛表演产业发展增速显著。

调查结果显示，2019 年山东省城乡居民人均体育观赛消费支出为 61.6 元，仅占体育消费总支出的 3.0%。其中，体育赛事门票支出为 48.2 元、体育赛事节目订阅支出为 13.4 元(详见图 3-8)。体育观赛消费支出与体育竞赛表演产业的本体核心产业地位相比，还有很大的差距。

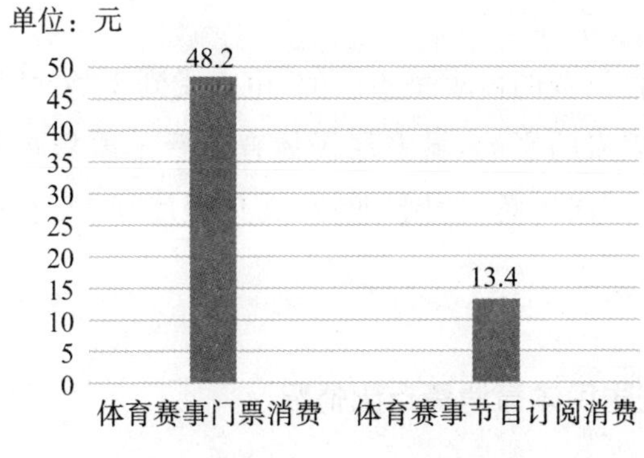

图 3-8 山东省城乡居民人均体育观赛消费支出结构

八、其他体育消费

其他体育消费主要包括体育保险服务消费、其他体育信息服务消费、体育参赛消费以及其他未列出的体育消费项目。根据课题组调查结果显示，山东省城乡居民人均其他体育消费支出为 26.1 元，主要为体育参赛消费支出，为 12.9 元，见图 3-9。

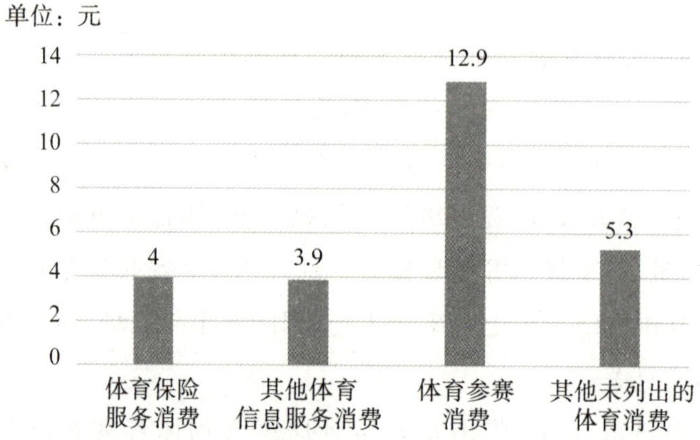

图 3-9　山东省城乡居民人均其他体育消费支出情况

第三节　全省不同群体居民体育消费分析

居民对于体育消费的需求是不同的，由于受到年龄、性别、职业、学历和社交等多方面因素的影响，城乡居民体育消费主体具有多样性。基于此，本课题组针对不同年龄、性别、职业、文化程度、收入水平群体的体育消费进行了分析。

一、不同性别居民体育消费支出情况

不同性别在体育活动参与、运动项目选择上具有较大差异。往往女性在家庭成员体育活动方面一直处于较为被动的局面，这也决定了不同性别群体在体育消费行为上具有不同特征。男性用户以往是体育消费的绝对主力人群。近年来，女性用户消费购买力大幅提升，正在缩小与男性用户体育消费的市场占比差距，尤其是在运动鞋服、健身、瑜伽等领域的

表现更为突出。通过对山东省不同性别城乡居民年体育消费金额差异性调查可知，男性居民年平均体育消费金额为 2084.7 元，女性居民年平均体育消费金额为 1615.1 元，男性居民体育消费支出高于女性居民，仍存在较大差异，主要是由于女性对于大众体育运动的积极性要明显低于男性，因此其体育消费相对也较少，详见图 3-10。

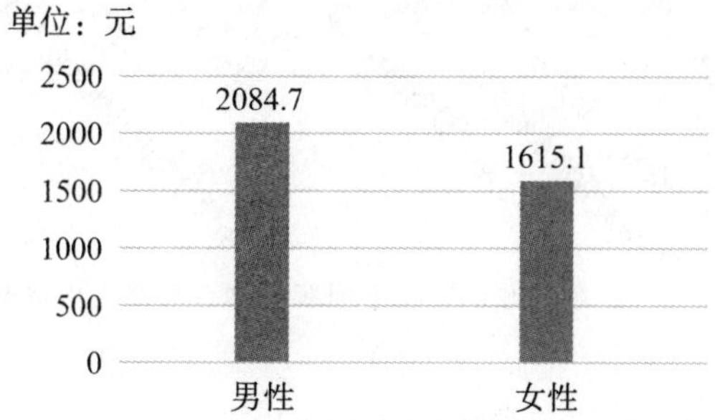

图 3-10　山东省城乡居民不同性别体育消费支出情况

二、不同职业居民体育消费支出情况

随着人们文化水平的提高，其对健康的认识也更加准确，在体育健身中的投入更多，其体育消费金额自然也更高，随着社会的发展，健康体育的观念逐渐深入人心，并成为人们生活中不可分割少的一部分。体育消费作为大众消费的一个方面，也受到中产阶层消费文化的深刻影响。

通过对山东省不同职业居民年人均体育消费金额差异性调查可知，体育消费支出水平排在前三位的分别是党政机关干部（公务员）、企业、事业单位负责人，商业、服务业从业人员，军人，体育消费分别达到 2650.1 元、2540.7 元、2440.6 元。体育消费支出水平排在后 3 位的是无业人员、农林牧渔水利业生产人员和其他人员，体育消费支出仅为 969.3 元、1390.9 元、1616.8 元。由此可见，不同职业的居民年人均体育消费支出有非常大的差异，详见图 3-11。

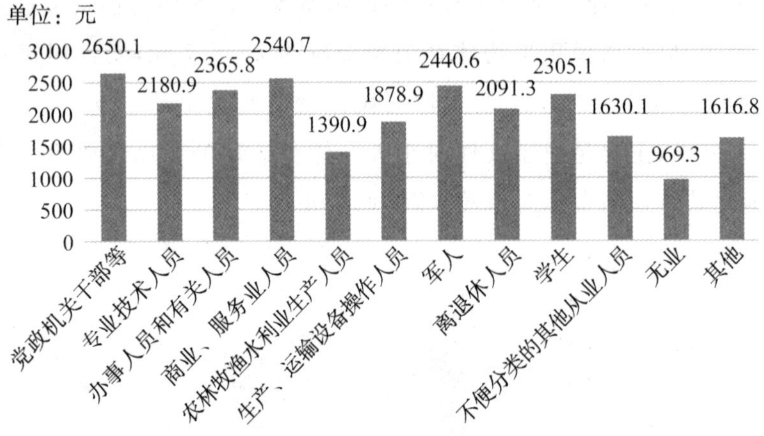

图 3-11　山东省城乡居民不同职业体育消费支出情况

三、不同年龄居民体育消费支出情况

前期研究数据表明，体育消费的主体是年轻人群体，其中学生群体与上班族群体对体育消费比较热爱，愿意花费大量的时间、精力与财力进行体育消费。通过对山东省不同年龄城乡居民年体育消费金额差异性调查可知，20～25 岁的居民年体育消费金额最高，体育消费支出为 2545 元；其后依次为：26～60 岁，2014.4 元；13～19 岁，1847.7 元；60 岁及以上，1823.1 元；12 岁及以下的，1620.3 元。详见图 3-12。

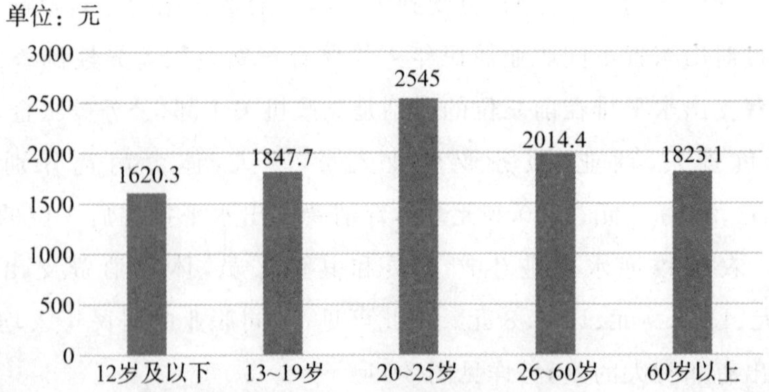

图 3-12　山东省城乡居民不同年龄体育消费支出情况

四、不同学历居民体育消费支出情况

体育消费本身就是一种相对较高层次的消费，而人们的受教育程度对其个人价值观和消费观有较大的影响。受教育程度越高，其体育消费观念越强。此外，文化水平高的人，对新事物的接受能力更强，更容易认同新型的消费观念。具有更高教育水平的青年更加认同中产阶层的生活方式，因此在消费方式上也逐渐向他们靠拢，体现出较高的体育消费水平。同时，受教育程度越高的人群，参与性体育消费水平明显高于受教育程度较低的人群。

通过对山东省不同学历居民年体育消费金额差异性调查可知，硕士研究生及以上学历的居民年均体育消费金额最高，为 3268.2 元，其次是大学本科学历的居民，年均体育消费金额为 2376.1 元，详见图 3-13。从统计结果来看，体育消费支出水平与学历成正相关关系，随着学历的增高，居民年均体育消费金额也随之增加。

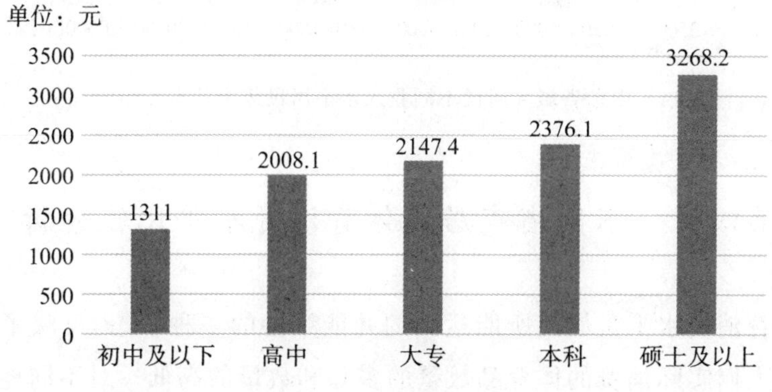

图 3-13　山东省城乡居民不同学历体育消费支出统计

五、不同收入水平居民体育消费支出

根据凯恩斯消费函数可知，可支配收入是影响居民消费的关键性因素。通过对山东省不同月收入居民年体育消费金额差异性调查可知，不同月收入的居民年体育消费金额具有显著性差异，其中月收入在10001～20000 元的居民，年均体育消费金额最多，为 5035 元。其次为月收入在 20000 元以上的居民，年均体育消费金额为 3767.9 元；在 8001～10000 元的居民，年均体育消费金额为 3331.6 元；在5001～8000 元的居民，年均体育消费金额为 2482.1 元；3501～5000 元的居民，年均体育消费金额为 2043.8 元；月收入在 3500 元以下的居民，年均体育消费金额为 1573.2 元。由此可以看出，月收入对居民体育消费有非常显著的影响，随着收入的减少，居民年体育消费金额也不断降低，详见图 3-14。

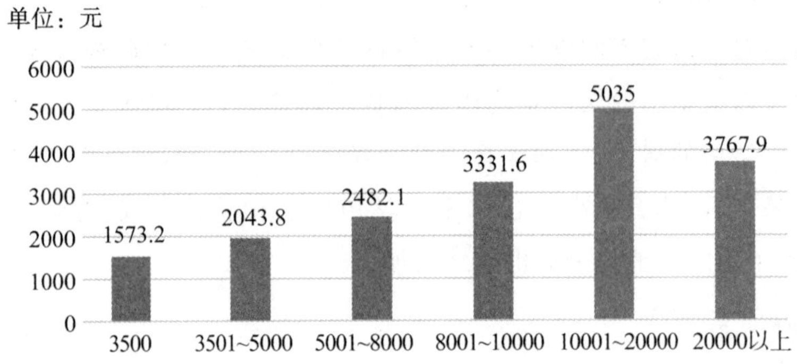

图 3-14　山东省城乡居民不同收入水平居民体育消费支出情况

第四节　不同省市居民体育消费水平比较分析

体育消费水平是居民所能达到的并能维持的一种状态，反映了一定时期内人们实际消费的体育品数量的多寡和数量的高低。对不同地区体育消费水平进行考察与比较，有利于从宏观上把握不同地区居民的体育消费现状和差异。

一、体育消费水平比较

江苏、上海是全国较早开展居民体育消费统计调查的省市。根据两省市公布数据来看，不同省市居民体育消费存在一定差异。不同省市居民体育消费支出水平基本与人均 GDP 排名一致。2019 年，上海市居民体育消费支出为 2849 元，江苏省为 2442 元，山东省为 2049.8 元，详见表 3-19。山东省城乡居民体育消费支出占人均可支配收入 31597 元的 6.49%。

表 3-19　2019 年全国部分省市居民体育消费支出水平一览表(单位:元)

	人均 GDP	人均可支配收入	人均消费支出	体育消费支出	体育消费占消费支出比例
上海	157300	69442	45605	2849.00	6.25%
江苏	123600	41400	26697	2442.00	9.15%
山东	70653	31597	20427	2049.80	10.03%

二、体育消费总规模比较

体育消费总规模是指城乡居民年度内对体育产品和服务的全部消费支出，是衡量一个国家或地区体育消费水平的重要指标。其计算公式为：

体育消费总规模＝城乡居民人均体育消费支出×居民人口数量

2019 年，上海、江苏、山东省 3 省市常住人口分别为 2428.14 万人、8070.0 万人、10070.21 万人，按照 3 省市城乡居民体育消费支出 2849 元、2442 元和 2049.8 元核算，3 省市体育消费总规模分别为 691.78 亿元、1971 亿元和 2064 亿元。详见表 3-20、图 3-15。

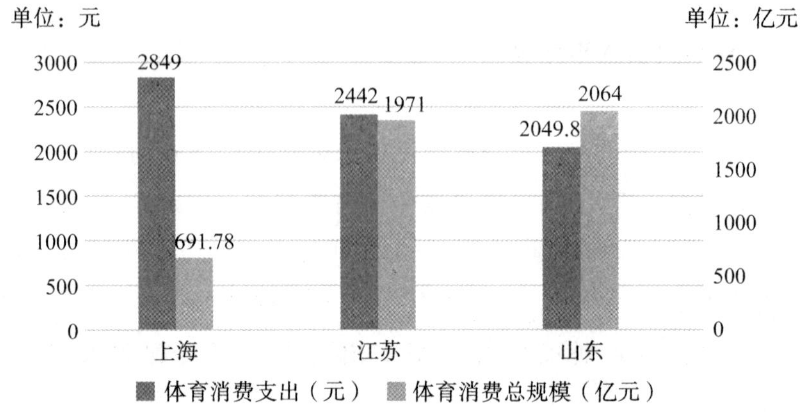

图 3-15　沪、苏、鲁 3 省市人均体育消费支出与总规模统计

注：数据来源于各省市城乡居民体育消费统计公报。

表 3-20　　2019 年沪、苏、鲁 3 省市体育消费总规模统计表

	体育消费水平(元)	常住人口(万人)	体育消费总规模(亿元)
上海	2849.00	2428.14	691.78
江苏	2442.00	8070.00	1971.00
山东	2049.80	10070.21	2064.00

第四章　山东省城乡居民体育消费动机

消费动机是指直接驱使消费进行某种消费活动的内在驱力，对商品的消费需求，是消费动机产生的基础。体育消费动机是推动消费者去从事某种体育消费活动，以满足其对体育消费需要的意图、愿望及信念等，或者说是体育消费者针对特定的消费目标而发出的内驱力或冲动。随着我国居民整体收入的提高、消费需求的增加，居民的消费动机也不断增强，体育消费的形式和结构呈多元化格局。体育消费动机不仅可以帮助了解不同类型群体的体育消费目的，最终也会决定人们的体育消费水平与体育消费结构。所以对体育消费动机的研究，一定程度上有助于更好地掌握体育消费行为发展的规律性。从消费者行为学来看，居民体育消费动机与目的反映其自身的心理态度，挖掘居民体育消费动机与目的，能够发现广大群众在消费过程中重视的问题，对于更好地满足居民体育消费需求有着积极的促进作用，也有利于供给侧改革行为下的居民消费水平的提升。

本研究结合众多文献资料及前人研究成果，将居民体育消费动机按照体育消费内容不同进行了不同划分，以此分析山东省城乡居民的体育消费动机。调研结果发现，居民在进行不同类别体育消费时，体育消费动机明显不同。

第一节　体育用品消费动机

体育用品消费是指城乡居民个人和家庭在进行体育教育培训、竞技运动训练和体育健身休闲的过程中购买或租赁相关物品的支出，主要包括健身器材、器械支出，专项运动用品支出，运动服饰支出，运动护具支出，运动康复用品支出，运动车、船、航空器支出，户外运动休闲用品支出，其他体育用品支出，体育用品维修费用支出。通过对山东省城乡居民体育用品消费动机调查可知，参与体育活动是山东省城乡居民进行体育用品消费的主要动机。根据统计结果可见，第一动机中，有 46.73％选择参与体育活动，其次分别是户外休闲（占 16.16％）、运动康复（占 16.15％）；第二动机中，排在前三位的分别是户外休闲、运动康复、参与体育活动，分别占到 35.81％、31.40％、11.44％，详见图 4-1、图 4-2。

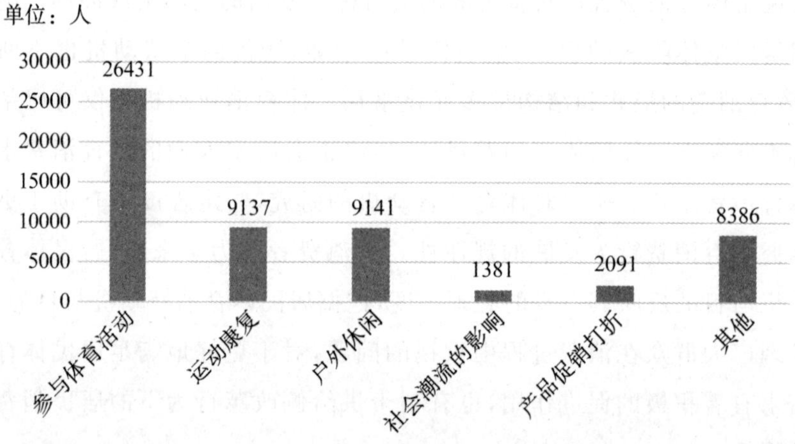

图 4-1　山东省城乡居民体育用品消费第一动机统计

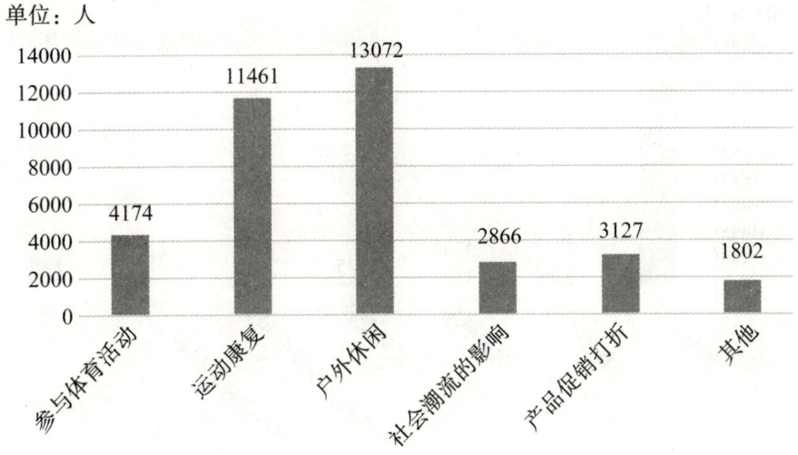

图 4-2　山东省城乡居民体育用品消费第二动机统计

第二节　健身休闲消费动机

体育健身消费是指普通居民为了增强体质、娱乐身心、强身祛病等目的，以各种身体活动或练习为主要表现形式的健身娱乐活动方面的服务性支出。旅游性(非定居者的旅行和暂时居留)健身休闲活动引致的费用支出除外，主要包括会费支出、场租费支出、体育保健与康复服务消费支出。通过对山东省城乡居民体育用品消费动机调查可知，强身健体是山东省城乡居民进行健身休闲消费的主要动机。根据统计结果可见，健身休闲消费的第一动机中，有 68.3％的调查对象选择强身健体。其次分别是其他、休闲娱乐、健美减肥，分别占到 10.42％、8.27％、6.60％。第二动机中，排在前三位的分别是休闲娱乐、健美减肥、调节精神及缓解压力，分别占到 37.26％、25.96％、8.82％，详见图 4-3、图 4-4。

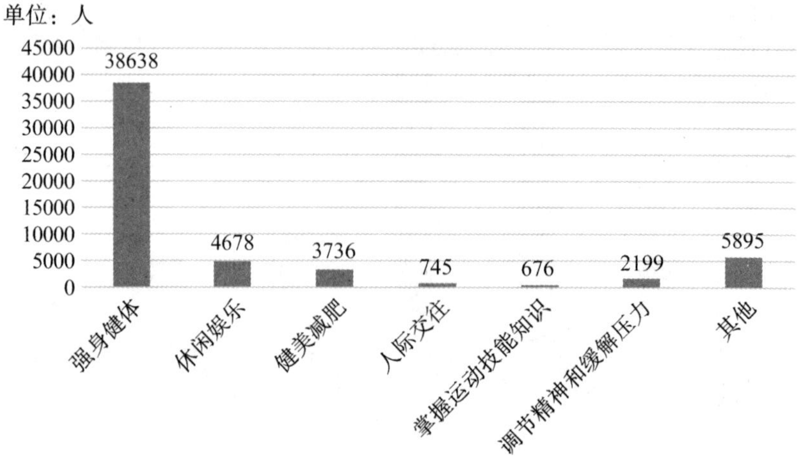

图 4-3　山东省城乡居民健身休闲消费第一动机统计

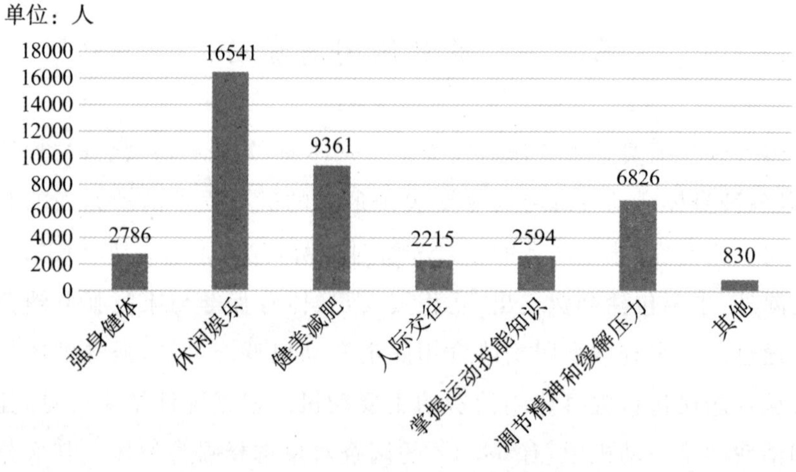

图 4-4　山东省城乡居民健身休闲消费第二动机统计

第三节　体育观赛消费动机

体育观赛消费是指居民购买门票或支付订阅费，通过观看、欣赏各种体育比赛，以达到视觉和心理满足的各种消费支出，主要包括体育赛事门票、体育赛事节目订阅。通过对山东省城乡居民体育观赛消费目的调查可知，娱乐休闲是山东省城乡居民体育观赛消费的主要目的。根据调查结果显示，体育观赛消费的第一动机中，休闲娱乐、调节精神和缓解压力、其他排在了前三位，分别占 33.19%、19.33%、19.00%。第二消费动机中，调节精神和缓解压力、休闲娱乐、掌握运动技能知识排在前三位，分别占到 32.32%、25.99%、18.48%，详见图 4-5、图 4-6。

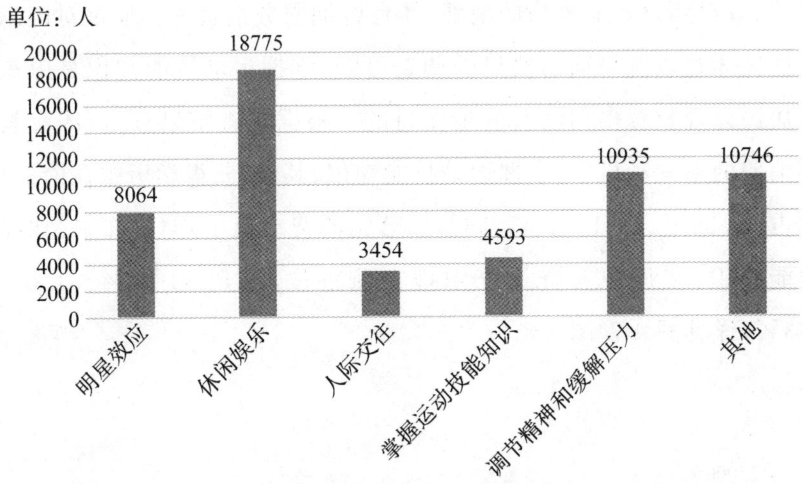

图 4-5　山东省城乡居民体育观赛消费第一动机统计

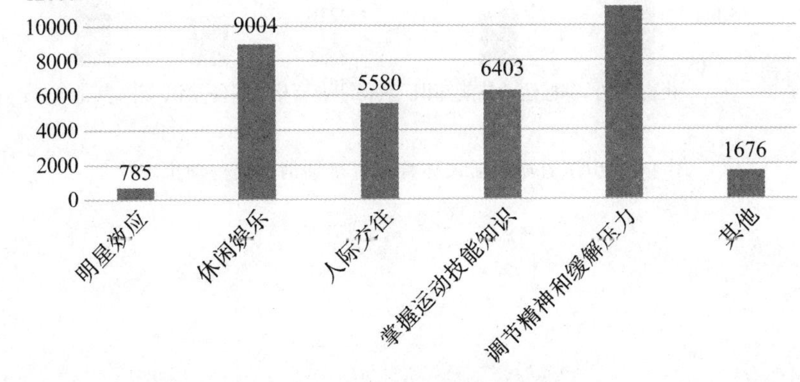

图 4-6　山东省城乡居民体育观赛消费第二动机统计

第四节　体育教育培训消费动机

体育培训消费是指居民接受体育相关专业学历教育所支付的最基本的教育支出，以及基本教育之外的运动技能培训费、考试费和咨询费等扩展性、选择性消费支出，主要包括体育学历教育消费、非学历体育技能培训消费、取得体育职业资格的消费、体育咨询服务消费等。通过对山东省城乡居民体育教育培训消费目的调查可知，掌握运动技能知识是山东省城乡居民体育教育培训消费的主要目的。根据调查结果显示，体育教育培训消费的第一动机中，掌握运动技能知识、其他、获得学历排在前三位，分别占 38.39%、33.12%、15.36%。第二消费动机中，储备知识、掌握运动技能知识、获得职业资格分别排在前三位，占到 33.44%、31.69%、23.43%，详见图 4-7、图 4-8。

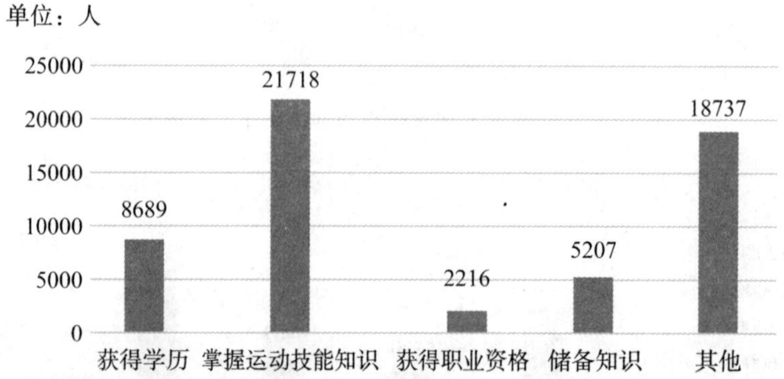

图 4-7　山东省城乡居民体育教育培训消费第一动机统计

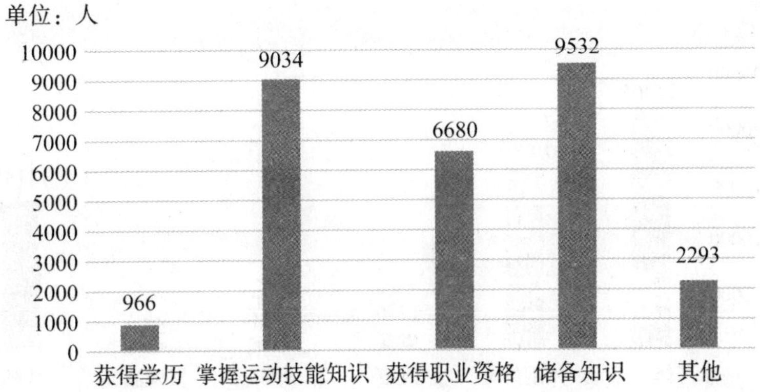

图 4-8　山东省城乡居民体育教育培训消费第二动机统计

第五节　体育旅游消费动机

体育旅游消费是指居民以体育运动为核心，以现场观赛、参与体验及参观游览为主要形式，以满足健康娱乐、旅游休闲为目的的消费活动的费用支出。强调体育的原发性消费，以及食住行游购娱等必要的伴随性消费，主要包括体育活动本身的游览、娱乐、研学支出，餐饮、住宿、出行、购物、其他消费支出。随着国民休闲体系的形成，大众的休闲旅游消费观念越来越强，在全国节假日以及周末来临之时纷纷选择外出旅游，形成全民体育旅游热。根据携程发布的《体育旅游报告》显示，我国体育旅游线路目前只占旅游市场的 5％左右，与国外体育旅游占比总产值的 20％相比还有很大的空间，中国体育旅游市场发展潜力巨大。通过对山东省城乡居民体育旅游消费目的调查可知，参与体育活动是山东省城乡居民体育旅游消费的主要目的。根据调查结果显示，体育旅游消费的第一动机中，参与体育活动、休闲娱乐、其他排在前三位，分别占 39.01％、29.99％、25.01％。第二消费动机中，休闲娱乐、观赛、参与体育活动分别排在前三位，占到 51.9％、13.72％、13.63％。详见图 4-9、图 4-10。

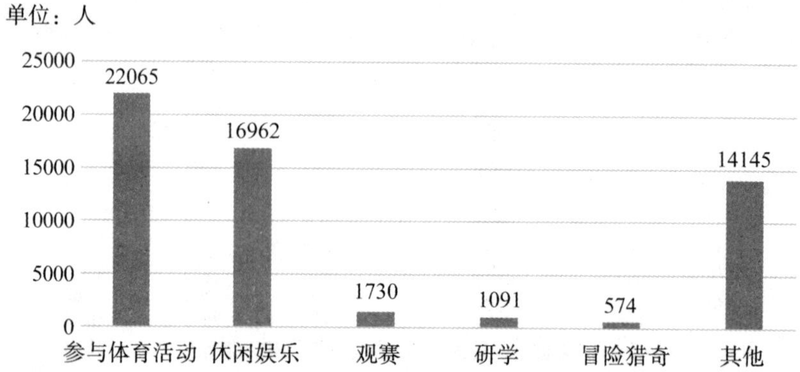

图 4-9　山东省城乡居民体育旅游消费第一动机统计

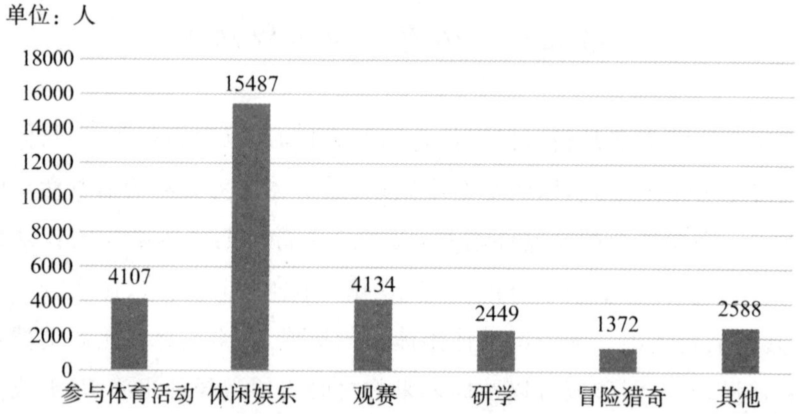

图 4-10　山东省城乡居民体育旅游消费第二动机统计

第六节　体育文化消费动机

体育文化消费是指居民为了满足自己的精神文化生活而消费体育文化类产品和服务的支出，换句话说，就是对体育文化类产品及服务的占有、欣赏、享受和使用，主要包括体育影视作品消费、体育新闻和出版物消费、展览创意类体育文化产品和服务消费、数字体育内容的产品和服务消费和其他体育文化消费。通过对山东省城乡居民体育文化消费动机调查可知，获悉信息是山东省城乡居民体育文化消费的主要动机。根据调查结果显示，体育旅游消费的第一动机中，获悉信息、学习运动技能、其他排在前三位，分别占 26.43％、25.90％、25.84％。第二消费动机中，学习运动技能、掌握体育知识、陶冶情操分别排在前三位，占到 37.45％、36.76％、16.38％，详见图 4-11、图 4-12。

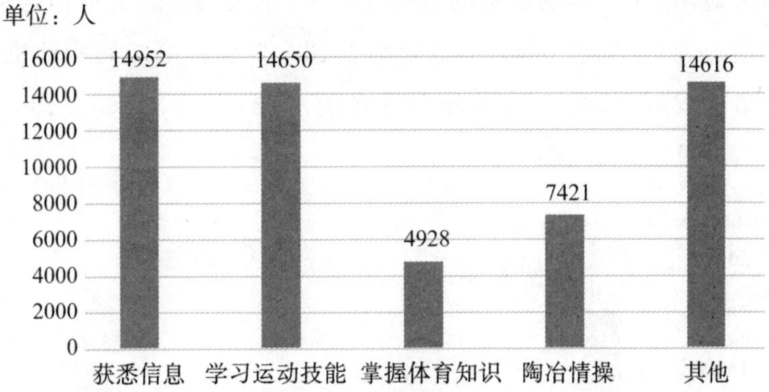

图 4-11　山东省城乡居民体育文化消费第一动机统计

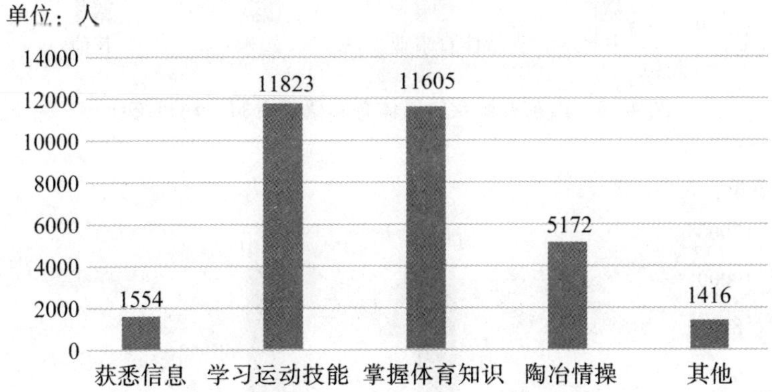

图 4-12　山东省城乡居民体育文化消费第二动机统计

第七节　体育彩票消费动机

体育彩票消费是指购买国家体育总局及地方体育局下属的体育彩票管理中心发行的体育彩票的支出。通过对山东省城乡居民体育彩票消费动机调查可知，中奖是山东省城乡居民体育彩票消费的主要动机。根据调查结果显示，体育彩票消费的第一动机中，中奖、其他、支持体育事业发展排在前三位，分别占 36.18%、27.87%、22.42%。第二消费动机中，支持体育事业发展、娱乐、中奖，分别排在前三位，占到 41.35%、39.69%、11.05%，详见图 4-13、图 4-14。

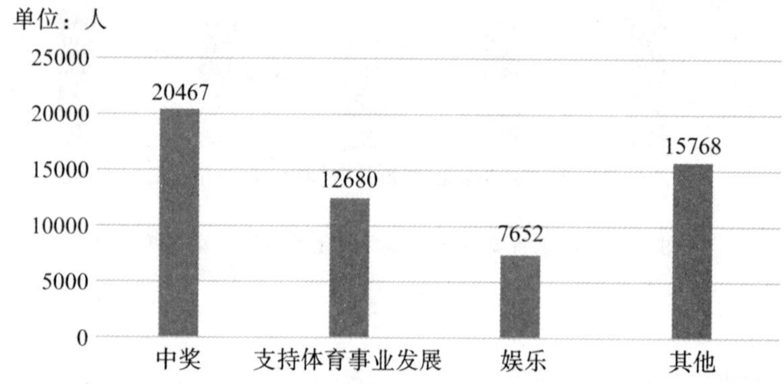

图 4-13　山东省城乡居民体育彩票消费第一动机统计

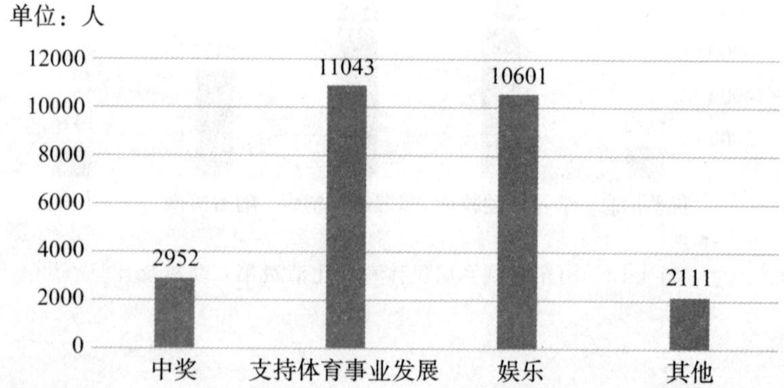

图 4-14　山东省城乡居民体育彩票消费第二动机统计

第八节　体育保险服务动机

体育保险消费是指购买与体育有关的意外保险、健康保险、个人运输保险、旅行保险及其他保险服务的支出。通过对山东省城乡居民体育保险消费动机调查可知,规避风险是山东省城乡居民体育保险消费的主要动机。根据调查结果显示,体育保险消费的动机分别是规避风险、消费体验、其他,分别占 62.89%、23.09%、14.02%,详见图 4-15。

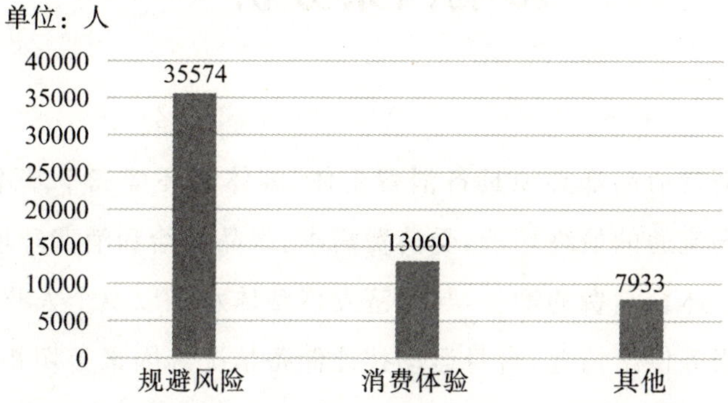

图 4-15　山东省城乡居民体育保险消费动机统计

第五章　山东省城乡居民体育消费影响因素分析

任何消费活动都必须具备消费主体、客体和环境三个基本要素。消费作为市场流通的最终环节，受消费需求、产品供给和消费环境等因素的综合影响。体育消费的增长，与经济发展整体水平以及个人收入水平、体育产品和服务供给情况、自身运动技能储备情况等因素密切相关，同时也受居民消费心理、消费习惯、闲暇时间、社会文化背景、体育运动水平等因素的综合影响。从调查结果中可以看出，调查对象每年在体育方面是否有开支以及开支的多少与被调查者的家庭月收入、文化程度、职业等密切相关。

第一节　体育消费的必要条件

综合前期体育消费影响因素的研究成果，可以发现有钱、有闲、有运动欲望、有运动技能储备、有体育活动空间是进行体育消费的必要条件。

一、居民收入

收入是影响消费最基础性的因素，这在经典消费函数理论、流动性约束理论中得到充分体现，无论这种收入是绝对收入还是相对收入，是当期收入还是持久性收入。经济发展和收入水平的高低对于体育消费会产生重要影响。

凯恩斯的消费函数：

$$Ct=\alpha+\beta Yt\text{（式中，}\alpha > 0,0 < \beta < 1\text{）}$$

其中 Ct 表示现期消费需求；α 为常数，表示基本消费，即在无收入情况下，为满足生存需要也必须要支出的消费；β 表示边际消费倾向；Yt 表示可支配收入。所以消费水平的高低与收入水平及边际消费倾向呈正相关关系。

除收入外，居民体育消费受体育产品和服务的价格影响较大。通常在收入一定的条件下，体育产品的价格越高，意味着消费者的实际收入就越少。而体育产品属于非生活必需品，也就决定了体育产品的需求价格弹性大于生活必需品的需求价格弹性，所以体育消费受产品价格的影响就越大。现阶段更要加大力度对体育产品和服务的价格进行监管，规范体育产品价格的制定，促进体育市场的成熟。

二、闲暇时间

体育消费，尤其是观赏型和参与型体育消费属于耗时性消费，消费过程需要较为充裕的时间作为保障，这决定了它对体育消费体验有很高的要求，而充裕的时间及时间弹性是体育消费体验的基础。传统经济学已经把闲暇作为一种特殊性质的物品，认为闲暇商品的成本完全由放弃的劳动所产生的报酬构成。闲暇时间多少以及闲暇时间如何利用，既是一个反映国家和个人经济物质水平的指标，也是一个反映精神文化水平的指标，更是体育消费的必要条件（但不是充分条件）。在收入达到一定水平的条件下（即在满足了基本和必要的消费后，还有剩余），闲暇的增多，将趋向于导致某些服务消费支出的增多。作为参与或观赏型的服务消费，人们的闲暇越多，给人们提供全面发展的机会越多，居民体育消费的机会也就愈多。没有充足的消费时间，肯定制约体育消费行为的实施，更谈不上消费数量的扩大。对于体育锻炼者来说，闲暇时间是稀缺资源，具有机会成本。体育消费的时间不充裕及缺乏弹性，影响体育消费提升的效果。

三、体育消费空间

体育消费需要体育空间作为保障，体育场馆设施是体育消费的必要条件之一。体育消费总是在一定的位置和范围中的消费。因此，当我们了解消费活动时，总要了解消费获得发生在何处。没有消费空间，何谈消费？如果说运动技能和闲暇时间是体育消费的必要条件，那么场地器材就是体育消费的重要保证。在有钱、有闲、有消费愿望后，没有相应的场地器材，体育活动就无法进行。消费空间的分布位置，也影响着体育消费。如果体育场馆远离消费者的工作单位或是家庭住所，势必会增加消费者参与健身消费的时间成本和路途消耗成本。一旦投资成本超过了消费者的投资阈值，消费者就会放弃这种投资，限制了有效体育消费需求。

四、体育消费理念

消费需求是人们的消费行动以至一切行动的动机和驱动力。体育消费这种行为受个人意识的制约。人的价值取向不同，在一个人看来是有效用的东西，而在另一个人看来却是没有效用的。随着收入和生活水平的提升，城乡居民体育意识有了较大增强，但体育消费的理念还相对滞后。中国人消费体育的意愿长期以来都与传统的消费观念和体育价值联系在一起。一方面，社会上的确存在一部分不爱好体育的人士，即使他们具备体育消费的能力，但由于缺乏健身消费意识，而很少进行体育消费。另一方面，“消奢倡俭”不仅是中国城乡不同社会阶层居民体育消费心理和体育消费行为的重要内容，也是我国城乡不同社会阶层居民体育消费观念的核心。体育消费属于非必需性消费，居民只有在基本的、必需的消费需求得到满足之后，体育消费的迫切性才得以体现。就体育消费理念而言，大众对于体育运动以及体育消费的认知仍有较大偏差，无病即健康的理念仍然顽固地存在于一部分人的心中，认为体育消费作为消遣性活动，对于自身发展并不会产生实质性作用。

五、运动技能储备

必要的动作技术是参加体育活动的前提条件，错误的动作技术不仅不能使参与者完成动作，达到健身、休闲娱乐的功能，可能还会造成不必要的运动损伤。在体育消费需要能力方面，消费者具有体育消费意识，但由于体育专业知识和技能的不足，又缺乏体育专业人士的指导，导致难以准确衡量自身的消费需求。不能满足人们的需要，就不会使消费者形成长期、稳固的消费习惯。消费者自身缺乏运动技能，制约了其体育消费。这种情况一般会出现在一些中高档的体育消费项目中，如高尔夫、网球、滑雪以及冰上项目、水上项目等高雅的益于陶冶情操的项目。随着体育休闲娱乐结构的升级，相当一部分人对这类项目有了消费意愿，但苦于缺乏必要的技能而难以消费或难以持续消费。

由于体育消费者对运动技能认知的不成熟，运动器械选择不当，或运动过程中身体姿势和锻炼方法掌握不好，又缺乏专业人员的指导，不但没有达到锻炼身体的目的，还造成了不同程度的运动损伤，难以有效满足消费者的体育消费需求。总之，体育消费者的消费观念和意识、消费能力的不成熟拉低了体育消费力的整体水平。运动及技能储备不足，会导致消费者对自身体育消费需要缺乏深入的了解，无法确定自身需要的体育消费类型和体育运动强度。一方面会导致消费者对体育消费的数量难以精确知晓，另一方面，对体育消费的质量难以准确评估。

第二节　不同体育消费内容的影响因素

根据体育消费内容的不同,可将体育消费分为体育用品消费、健身休闲消费、体育观赛消费等 8 个类别。体育消费内容不同,影响消费的因素也不尽相同。

一、体育用品消费的影响因素

在调查中,我们将影响居民体育用品消费的因素分为收入、产品品牌、产品质量、产品功能、卖家服务、消费场所环境、广告宣传、明星代言、家人朋友影响、产品价格等 9 个方面,并按照重要性程度进行了排序。调研结果显示,将收入、产品质量、产品品牌列为体育用品消费第一影响因素的,按照由大到小的顺序,分别占到 60.90%、9.19%、9.02%;将产品质量、产品品牌、产品价格列为第二影响因素的,分别占到 22.28%、17.56%、16.32%;将产品价格、产品质量、产品功能作为第三影响因素的,分别占到 23.64%、21.09%、16.85%,详见表 5-1。

表 5-1　山东省城乡居民体育用品消费的影响因素选择人数及占比(单位:人/%)

	第一因素		第二因素		第三因素	
收入	34449	60.90%	2454	5.58%	1692	4.58%
产品品牌	5104	9.02%	7714	17.56%	2097	5.67%
产品质量	5196	9.19%	9791	22.28%	7793	21.09%
产品功能	2182	3.86%	5290	12.04%	6227	16.85%
卖家服务	534	0.94%	1298	2.95%	1795	4.86%
消费场所环境	2340	4.14%	5154	11.73%	3850	10.42%
广告宣传、明星代言	528	0.93%	757	1.72%	851	2.30%
家人朋友影响	3674	6.49%	4309	9.81%	3911	10.58%
产品价格	2560	4.53%	7173	16.32%	8736	23.64%
合计	56567	100.00%	43940	100.00%	36952	100.00%

二、健身休闲消费的影响因素

因健身休闲消费属于耗时性消费，且对参与者的技能储备和运动场地均有一定的要求，所以在调查中，将影响居民健身休闲消费的因素分为收入、闲暇时间、健康状况、运动技能水平、兴趣爱好、场地便利性、专业指导服务、家人朋友影响、社会锻炼氛围等 9 个方面，并按照其重要性程度进行了排序。调研结果显示，将收入、闲暇时间、兴趣爱好列为体育健身休闲消费第一影响因素的，按照由大到小的顺序，分别占到 57.13%、21.14%、7.47%%；将闲暇时间、兴趣爱好、健康状况列为第二影响因素的，分别占到 41.97%、17.22%、14.25%；将兴趣爱好、健康状况、场地便利性作为第三影响因素的，分别占到 26.19%、17.89%、13.10%，详见表 5-2。

表 5-2　山东省城乡居民体育休闲娱乐消费的影响因素选择人数及占比(单位:人/%)

	第一因素		第二因素		第三因素	
收入	32316	57.13%	1862	4.09%	1164	3.06%
闲暇时间	11957	21.14%	19101	41.97%	2631	6.91%
健康状况	3924	6.94%	6485	14.25%	6814	17.89%
运动技能水平	1214	2.15%	3454	7.59%	3463	9.09%
兴趣爱好	4224	7.47%	7837	17.22%	9974	26.19%
场地便利性	726	1.28%	2735	6.01%	4990	13.10%
专业指导服务	252	0.45%	838	1.84%	1814	4.76%
家人朋友影响	992	1.75%	1700	3.74%	2924	7.68%
社会锻炼氛围	962	1.70%	1503	3.30%	4314	11.33%
合计	56567	100.00%	45515	100.00%	38088	100.00%

三、体育观赛消费的影响因素

体育观赛消费同样属于耗时性消费，并受当地高水平赛事的供给制约。调查中，将影响居民体育观赛消费的因素分为收入、闲暇时间、兴趣爱好、赛事时间、赛事地点、赛事水平及观赏性、门票价格、体育明星影响、家人朋友影响、其他等 10 个方面，并按照其重要性程度进行了排序。调研结果显示，将收入、闲暇时间、兴趣爱好列为体育观赛消费第一影响因素的，按照由大到小的顺序，分别占到 56.02%、16.34%、13.65%；将闲暇时间、兴趣爱好、门票价格列为第二影响因素的，分别占到 40.26%、22.71%、7.83%；将兴趣爱好、门票价格、赛事地点作为第三影响因素的，分别占到 27.19%、16.46%、11.74%，详见表 5-3。

表 5-3　山东省城乡居民体育观赛消费的影响因素选择人数及占比（单位：人/%）

	第一因素		第二因素		第三因素	
收入	31690	56.02%	1475	3.42%	1151	3.25%
闲暇时间	9245	16.34%	17358	40.26%	2318	6.55%
兴趣爱好	7720	13.65%	9792	22.71%	9617	27.19%
赛事时间	1234	2.18%	2887	6.70%	2602	7.36%
赛事地点	908	1.61%	3201	7.42%	4152	11.74%
赛事水平及观赏性	645	1.14%	1655	3.84%	2757	7.79%
门票价格	903	1.60%	3377	7.83%	5822	16.46%
体育明星影响	224	0.40%	573	1.33%	1007	2.85%
家人朋友影响	851	1.50%	1470	3.41%	2554	7.22%
其他	3147	5.56%	1332	3.09%	3390	9.58%
合计	56567	100.00%	43120	100.00%	35370	100.00%

四、体育教育培训消费的影响因素

调查中,将影响居民体育教育培训消费的因素分为收入、闲暇时间、健康状况、运动技能水平、兴趣爱好、场地便利性、专业指导服务、家人朋友影响、社会锻炼氛围等9个方面,并按照其重要性程度进行了排序。调研结果显示,将收入、闲暇时间、兴趣爱好列为体育教育培训消费第一影响因素的,按照由大到小的顺序,分别占到59.18%、15.44%、9.21%;将闲暇时间、兴趣爱好、健康状况列为第二影响因素的,分别占到43.38%、16.74%、10.94%;将兴趣爱好、健康状况、场地便利性作为第三影响因素的,分别占到23.06%、20.35%、10.79%,详见表5-4。

表5-4 山东省城乡居民体育教育培训消费的影响因素选择人数及占比(单位:人/%)

	第一因素		第二因素		第三因素	
收入	33477	59.18%	1432	3.36%	1026	2.97%
闲暇时间	8734	15.44%	18463	43.38%	2207	6.38%
健康状况	3010	5.32%	4658	10.94%	7040	20.35%
运动技能水平	2130	3.77%	4018	9.44%	3548	10.25%
兴趣爱好	5212	9.21%	7123	16.74%	7981	23.06%
场地便利性	797	1.41%	2380	5.59%	3734	10.79%
专业指导服务	900	1.59%	1738	4.08%	3093	8.94%
家人朋友影响	1094	1.93%	1574	3.70%	2599	7.51%
社会锻炼氛围	1213	2.14%	1173	2.76%	3375	9.75%
合计	56567	100.00%	42559	100.00%	34603	100.00%

五、体育旅游消费的影响因素

调查中，将影响居民体育旅游消费的因素分为收入、闲暇时间、体育参与体验、赛事观赏性、配套服务、安全保障、其他等 7 个方面，并按照其重要性程度进行了排序。调研结果显示，将收入、闲暇时间、其他列为体育旅游消费第一影响因素的，按照由大到小的顺序，分别占到 63.28%、19.09%、6.74%；将闲暇时间、体育参与体验、安全保障列为第二影响因素的，分别占到 54.77%、11.60%、9.18%；将体育参与体验、安全保障、其他列为第三影响因素的，分别占到 27.12%、20.76%、16.92%，详见表 5-5。

表 5-5　山东省城乡居民体育旅游消费的影响因素选择人数及占比(单位:人/%)

	第一因素		第二因素		第三因素	
收入	35797	63.28%	2163	5.24%	1114	3.55%
闲暇时间	10801	19.09%	22593	54.77%	2098	6.68%
体育参与体验	2651	4.69%	4786	11.60%	8513	27.12%
赛事观赏性	1273	2.25%	3552	8.61%	4412	14.06%
配套服务	685	1.21%	2314	5.61%	3425	10.91%
安全保障	1547	2.73%	3788	9.18%	6517	20.76%
其他	3813	6.74%	2058	4.99%	5310	16.92%
合计	56567	100.00%	41254	100.00%	31389	100.00%

六、体育文化消费的影响因素

调查中，将影响居民体育文化消费的因素分为收入、内容、质量、信息宣传、消费环境、其他等 6 个方面，并按照其重要性程度进行了排序。调研结果显示，将收入、内容、其他列为体育文化消费第一影响因素的，按照由大到小的顺序，分别占到 63.70%、11.61%、9.72%；将内容、质量、消费环境列为第二影响因素的，分别占到 37.12%、27.23%、16.00%；将产品质量、消费环境、其他列为第三影响因素的，分别占到 34.70%、24.26%、13.16%，详见表 5-6。

表 5-6　山东省城乡居民体育文化消费的影响因素选择人数及占比(单位:人/%)

	第一因素		第二因素		第三因素	
收入	36033	63.70%	1177	3.04%	1268	4.18%
内容	6569	11.61%	14371	37.12%	3337	11.00%
质量	4033	7.13%	10542	27.23%	10531	34.70%
信息宣传	2186	3.86%	3693	9.54%	3855	12.70%
消费环境	2248	3.97%	6193	16.00%	7362	24.26%
其他	5498	9.72%	2740	7.08%	3992	13.16%
合计	56567	100.00%	31570	100.00%	23220	100.00%

七、体育彩票消费的影响因素

调查中，将影响居民体育彩票消费的因素分为收入、家人朋友影响、广告媒体宣传、中奖概率、社交需求、娱乐、其他等 7 个方面，并按照其重要性程度进行了排序。调研结果显示，将收入、其他、中奖概率列为体育彩票消费第一影响因素的，按照由大到小的顺序，分别占到 56.96%、13.13%、12.19%；将中奖概率、家人朋友影响、娱乐列为第二影响因素的，分别占到 30.58%、28.06%、11.99%；将娱乐、其他、广告媒体宣传列为第三影响因素的，分别为 20.25%、20.04%、19.63%。详见表 5-7。

表 5-7　山东省城乡居民体育彩票消费的影响因素选择人数及占比(单位:人/%)

	第一因素		第二因素		第三因素	
收入	32219	56.96%	1646	4.57%	1231	4.55%
家人朋友影响	4695	8.30%	10102	28.06%	2320	8.58%
广告媒体宣传	1721	3.04%	3398	9.44%	5306	19.63%
中奖概率	6897	12.19%	11008	30.58%	4487	16.60%
社交需求	774	1.37%	2453	6.81%	2794	10.34%
娱乐	2832	5.01%	4316	11.99%	5474	20.25%
其他	7429	13.13%	3079	8.55%	5417	20.04%
合计	56567	100.00%	36002	100.00%	27029	100.00%

八、体育保险服务消费的影响因素

调查中,将影响居民体育保险消费的因素分为收入、不知晓、没有购买渠道、家人朋友影响、媒体宣传、投保金额、其他等 7 个方面,并按照重要性程度进行了排序。调研结果显示,将收入、不知晓、其他列为体育保险消费第一影响因素的,按照由大到小的顺序,分别占到 54.95%、20.29%、12.38%。将不知晓、没有购买渠道、家人朋友影响列为第二影响因素的,分别占到 34.82%、17.54%、13.17%。将没有购买渠道、其他、投保金额列为第三影响因素的,分别占到 24.05%、23.61%、16.51%,详见表 5-8。

表 5-8　山东省城乡居民体育保险服务消费的影响因素选择人数及占比(单位:人/%)

	第一因素		第二因素		第三因素	
收入	31086	54.95%	1348	4.18%	1029	4.26%
不知晓	11483	20.29%	11236	34.82%	1727	7.16%
没有购买渠道	2601	4.59%	5661	17.54%	5800	24.05%

续表

	第一因素		第二因素		第三因素	
家人朋友影响	1941	3.43%	4249	13.17%%	3172	13.15%
媒体宣传	1102	1.95%	2820	8.74%	2716	11.25%
投保金额	1350	2.38%	3821	11.83%	3983	16.51%
其他	7004	12.38%	3137	9.72%	5694	23.61%
合计	56567	100.00%	32272	100.00%	24121	100.00%

第三节　体育市场供给对消费者的满足程度

体育市场供给体系滞后于居民体育需求结构变化。体育需求不断转型升级，而体育产品和服务供给与需求无法完好对接，形成明显的供需错位问题。竞赛表演业作为体育产业的核心产业，近年来发展迅猛，但与发达国家相比，我国体育竞赛表演业无论在项目数量、队伍数量还是市场成熟度方面都比较低，较多停留在竞赛层面，还无法从观众视角提供沉浸式的赛场环境、赛场服务以及赛事体验，赛事的观赏性、附加活动的丰富性、观众与运动员的互动性都存在不小差距。体育用品制造业普遍处于价值链中低端，利润水平不高，创新能力不足，缺乏国际竞争力，产品品质不高，供给滞后于需求，在一定程度上影响了居民体育消费。

针对体育产品市场“供需错配”的矛盾，此次调查设置了体育产品市场供给能否满足消费者的消费需求的内容。调查发现，消费者对不同体育产品的市场供给满足程度不同。满足程度最高的是体育用品市场，满足程度最低的是体育保险市场的产品供给。不同产品市场的供给满足程度统计，详见图 5-1、图 5-2、图 5-3、图 5-4、图 5-5、图 5-6、图 5-7、图 5-8。

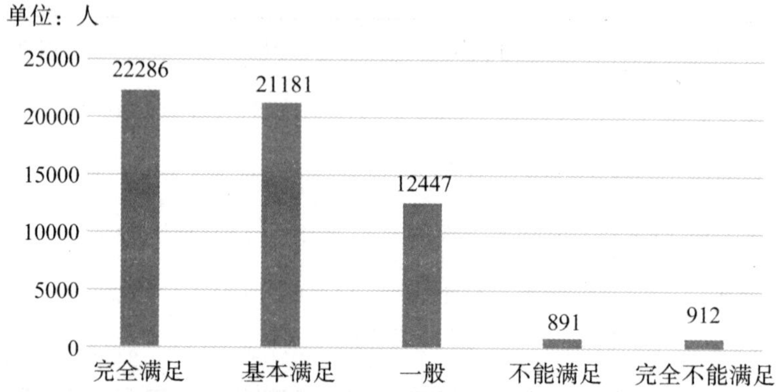

图 5-1　山东省城乡居民体育用品市场供给满足程度统计

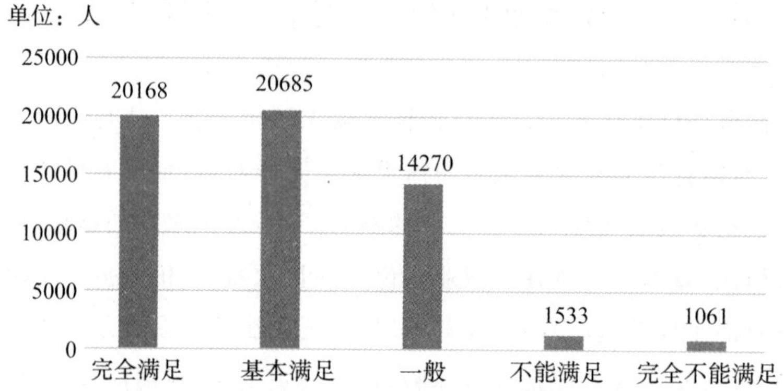

图 5-2　山东省城乡居民体育健身休闲供给满足程度统计

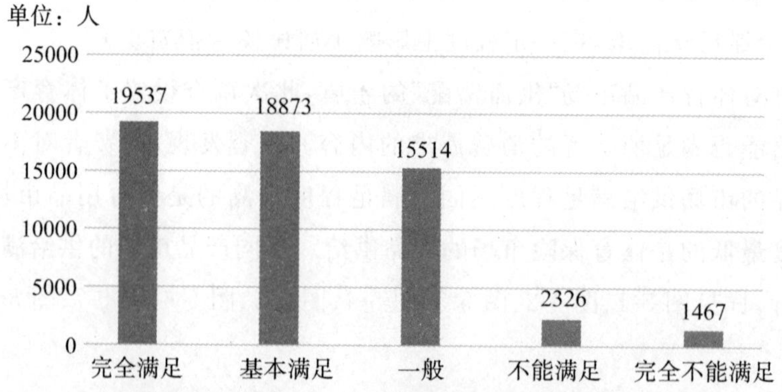

图 5-3　山东省城乡居民体育赛事市场供给满足程度统计

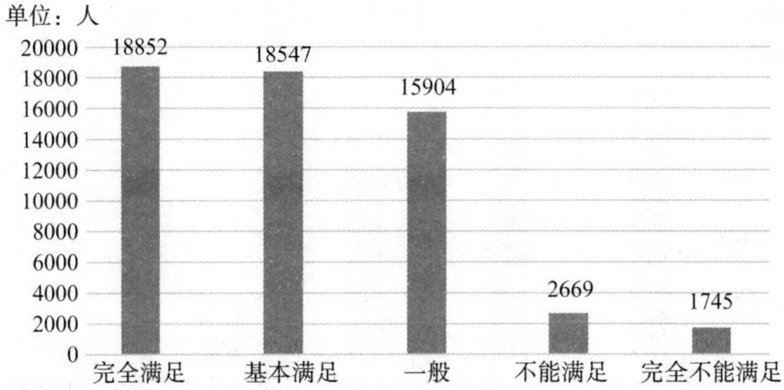

图 5-4　山东省城乡居民体育教育培训市场供给满足程度统计

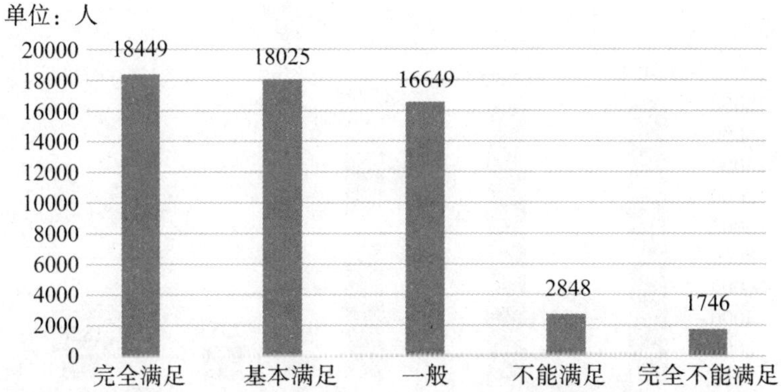

图 5-5　山东省城乡居民体育旅游市场供给满足程度统计

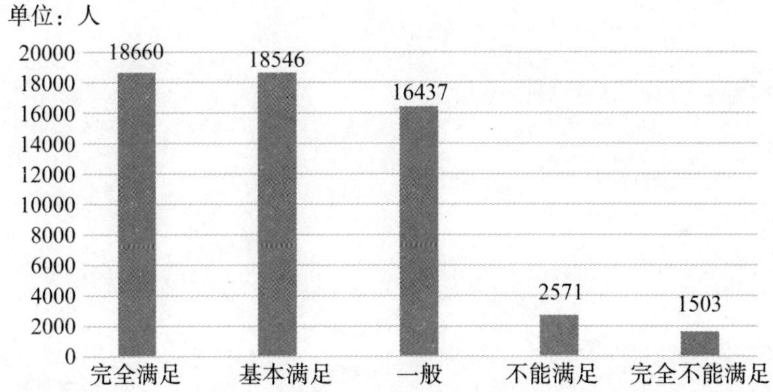

图 5-6　山东省城乡居民体育文化市场供给满足程度统计

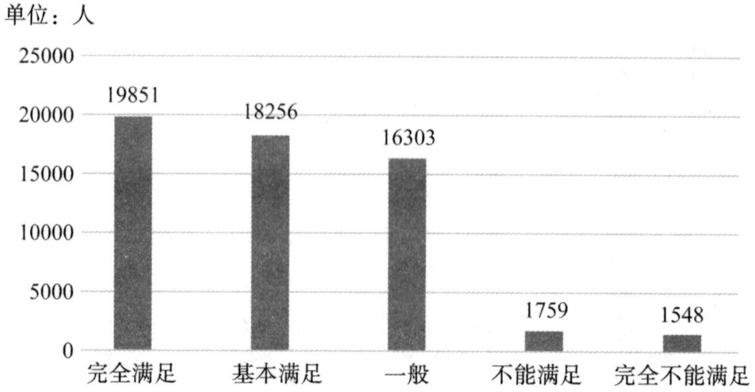

图 5-7　山东省城乡居民体育彩票市场供给满足程度统计

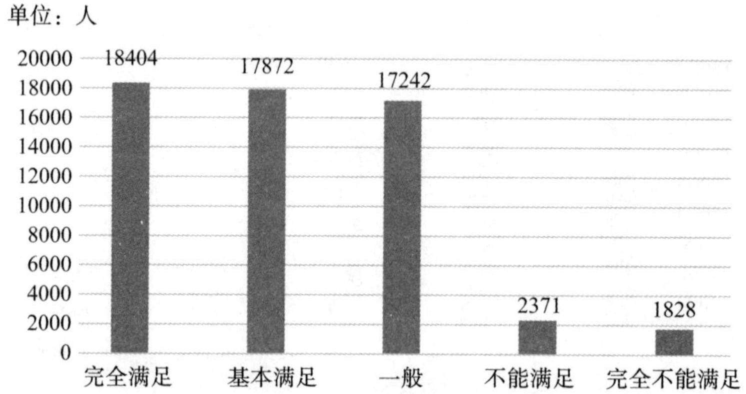

图 5-8　山东省城乡居民体育保险市场供给满足程度统计

第六章　山东省城乡居民体育运动参与情况

随着社会的发展和《健康中国 2030 规划纲要》《体育强国建设规划纲要》等国家战略的深入贯彻，我国人民对健康意识越来越强，体育锻炼的参与感也逐渐被唤醒。

第一节　不同运动项目参与情况

据调查，山东省居民体育参与程度普遍提升，参与活动项目种类不断增加。调查结果显示，从未参加过体育活动的居民数量为 4063 人，仅占调查对象的 7.04%。统计数据显示，居民参与度最高的前五项运动项目分别为长跑、健步走，广场舞、健美操、体育舞蹈等，羽毛球，篮球，跳绳、踢毽，累计人次分别达到 25410 人、23100 人、22835 人、16081 人、14019 人，详见表 6-1。

表 6-1　　山东省城乡居民体育运动项目参与情况统计表

	数量(人)	百分比(%)	排序
长跑、健步走	25410	44.03	1
广场舞、健美操、体育舞蹈等	23100	40.02	2
羽毛球	22835	39.56	3

续表

	数量(人)	百分比(%)	排序
篮球	16081	27.86	4
跳绳、踢毽	14019	24.29	5
乒乓球	13837	23.97	6
武术、太极拳	12457	21.58	7
游泳	10697	18.53	8
足球	9267	16.06	9
户外(登山、攀岩、徒步)	8795	15.24	10
瑜伽、普拉提	7575	13.12	11
其他	6233	10.80	12
棋牌类(围棋、象棋、桥牌等)	5399	9.35	13
排球	5433	9.41	14
电子竞技	4096	7.10	15
风筝	4070	7.05	16
从不参加	4063	7.04	17
极限运动(轮滑、跑酷、自行车等)	2802	4.85	18
钓鱼	3820	6.62	19
健美(力量练习)	2552	4.42	20
网球	2063	3.57	21
健身气功	1913	3.31	22
体育搏击(跆拳道、空手道、拳击)	1241	2.15	23
冰上运动(滑冰、冰球等)	851	1.47	24
地掷球、门球、柔力球	773	1.34	25
高尔夫	559	0.97	26
水上运动(帆船、帆板、皮划艇等)	471	0.82	27

续表

	数量(人)	百分比(%)	排序
击剑	381	0.66	28
棒球	379	0.66	29
骑马	329	0.57	30
模型制作(空、海、车模)	323	0.56	31
橄榄球	227	0.39	32

第二节　参加体育运动的频次

活动频率是指某人或某单位在一定时间范围内进行某种活动的次数,参加体育活动的频次是指每周参加体育活动的次数。通常将每周参加体育锻炼频度 3 次及以上,每次体育锻炼持续时间 30 分钟及以上,每次体育锻炼的运动强度达到中等及以上的人,称为经常参加体育锻炼的人。此次调查发现,山东省城乡居民每周活动 3 次及以上者为 21069 人,仅占调查对象的 36.50%;每周参加 1～2 次锻炼的有 9273 人,占 16.07%;每周不足一次的有 6174 人,占 10.70%;很少锻炼且时间不固定的人数最多,有 21201 人,占全部调查对象的 36.73%。详见图 6-1。

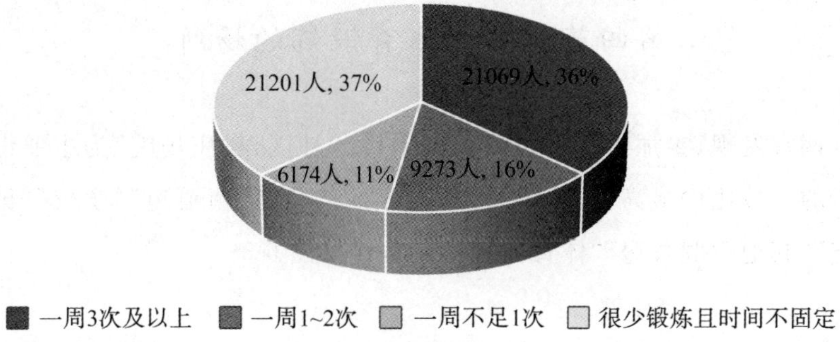

图 6-1　山东省城乡居民参加体育锻炼的频次统计

第三节　每次体育锻炼的活动时间

通常对运动产生影响的因素包括运动强度和运动时间。运动时间是指每次运动所花费时间的长短。此次调查将每次体育锻炼的活动时间分为 4 个不同选项，分别为 30 分钟以内、30～60 分钟、60～90 分钟和 90 分钟以上。调查结果显示，每次活动时间在 30 分钟以内的人数达到 25704 人，占比高达 44.53％；其后依次为 30～60 分钟的 21399 人、60～90 分钟的 6825 人、90 分钟以上的 3789 人，分别占了 37.08％、11.82％、6.56％。详见图 6-2。

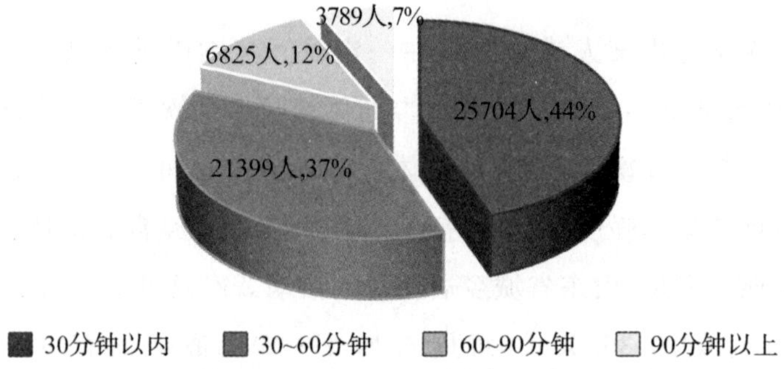

图 6-2　山东省城乡居民每次体育锻炼活动时间统计

第四节　参加体育锻炼的场所

调查发现，参加体育锻炼的人群中，以“社区、村庄场院”为主要锻炼场所的人数比例最高，其他依次为“体育场”“公路、街道边”“学校”“健身步道”“其他”“健身房”“体育体育场所”，详见图 6-3。

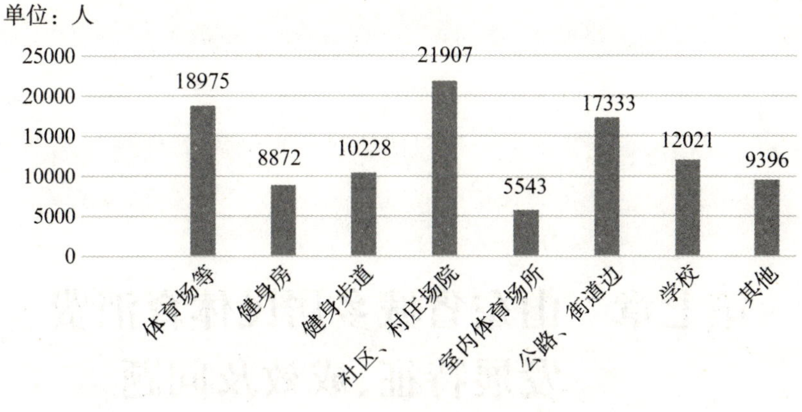

图 6-3　山东省城乡居民体育锻炼场所统计

第七章　山东省城乡居民体育消费发展特征、成效及问题

中国特色社会主义新时代背景下，我国居民消费在业态、品质、形态、方式等层面逐渐呈现新的特征。随着中国现代化的历史性进程，我国已进入消费需求持续增长、消费结构加快升级、消费拉动经济作用明显增强的重要阶段。新一轮消费升级浪潮促使我国从传统的温饱型、物质型、排浪式消费向发展型、服务型、多样化等新型消费升级。居民进入第四消费时代后，消费者的消费理念由“盼温饱”向“盼环保”转变，消费品质由低端消费向中高端消费转变，消费形态由物质型向服务型转变，消费方式由线下向线上线下融合转变，消费行为由从众模仿型向个性体验型转变。我国体育领域同样面临着消费升级的重大命题。

第一节　体育消费特征

近年来，国家越来越重视体育产业发展的巨大带动作用，在国家战略中不断调整和完善相关政策，千方百计增加居民收入，扩大居民体育消费，以此来拉动经济的快速发展。随着居民收入水平、生活水平和文化素质的提高，体育消费结构和层次以及消费观念也发生了根本性的改变。体育锻炼被冠以先进的生活方式的标签，运动健身的热情也被大大激发。

新奇、刺激的观赏型与服务型消费逐渐成为体育消费的新风尚。居民的体育消费结构不断优化，服务消费在消费总支出中的比例继续上升，消费结构从物质消费、必需品消费、发展消费，向舒适消费、健康消费、快乐消费延伸拓展。信息消费规模持续扩大，消费者网络购物接受度持续提升，绿色消费市场需求旺盛，品质提升型消费爆发式增长，消费层次不断提升。大量体育消费从“随意性”转向“专业性”，更加注重专业技能和装备配置。目前，体育消费的特点主要表现在以下几个方面。

一、体育消费空间场景化

随着大众消费结构升级，体育健康、体育养老等新兴消费形式逐渐兴起，体育消费结构从实物型向观赏型和参与型转变，在互联网助推下的场景化体育消费日益凸显。随着《全民健身计划（2016～2020 年）》《“健康中国 2030”规划纲要》《关于加快发展健身休闲产业的指导意见》《关于加快发展体育竞赛表演产业的指导意见》等相关政策的实施以及人民群众生活水平和收入的不断提高，围绕加强锻炼、促进健康与养老等丰富居民精神文化生活的体育健身和现场观赛的消费需求越来越多。并且在国家政策的鼓励下，普遍的体育文化需要已经向实际的体育消费需求转化。紧跟时代发展的脚步，体育消费的场景也逐渐从体育场、健身房或电视节目中走了出来。体育消费也更加注重“体育＋”，体育结合其他产业催生的线上马拉松、线上骑行、体育健身直播、智能场馆、体育社交平台等，都进一步激发了消费者的体育消费欲望。

二、体育消费产品品质化

美好生活需要推动居民消费步入“品质时代”，人们的消费需求从“物质型”向“品质型”跃进，热衷于选择高颜值、高品质、高性价比的“三高”产品。体育实物消费是体育产业爆发、大众体育人口扩张之后最大的受益者，如运动鞋服、可穿戴式运动设备等。依托于互联网营销模式的开拓创新，各类文娱明星同款潮品、单品以及跨品牌联名的运动鞋服和体育装备需求不断上升。体育产品依托互联网“智造”被注入大量科技元素，智能健身器材、智能可穿戴设备等高科技体育产品层出不穷，这说明科学技术的发展正在从供给端推动体育消费规模质量的提升。传统体育服务业发生重大变革，体育消费产品的科技化程度越来越高，以适应新时代大众消费结构升级需要。

三、体育消费标签个性化

从日本、美国等发达国家的消费变迁史来看，经济发展到一定程度后，消费偏好将回归理性，向个性化、脱物质化等方向转变。在健康中国和全民健身战略推动下，体育市场出现高度分化，需要有不同功能与价格的体育产品去满足顾客的动态消费需求。体育企业不断推出新品，完善产品种类，细分化的体育消费市场格局逐步形成。在互联网科技的带动下，各类智能化、高端化运动装备不断出现，体育产品的功能和价值得到进一步强化与细分。同时，随着体育产业的飞速发展，体育新业态、新商业模式不断涌现，体育产业的内容和边界不断拓展，体育消费呈现细分化特征。在此背景下，国家统计局制定了《体育产业统计分类(2019)》，规范体育产业统计范围，完善体育产业统计体系，以积极适应体育消费细分化发展的特征。

随着消费价值观的跃迁，功能性体育消费日益淡化而象征性体育消费日渐突出，体育消费日益呈现出个性化、信息化新特征。很多研究发现，几乎与互联网共同成长的“90 后”“00 后”，有了更多的行为特点，比如说在网络环境下，更“宅”，以及使用“萌化”的语言，更偏重于感情寄托与身份认同的追星方式等。个性化消费是部分消费者的一种心理需求，往往是一种追求差异化的炫耀型消费，消费者在其自我概念中需要用“个性化”选择来加强自我的优越感，因此需要目标产品与品牌进行个性化的

"公然声称",当这种外在主张与消费者自我概念发生共振时就可以产生标签魅力。这一消费特点也反馈在了体育消费中,比如同一款式不同颜色的产品价格有天差地别,为了追求个性化,不惜花费近 10 倍于原价的价格购买运动球鞋等。反映品质生活的垂钓、骑行、户外装备等细分品类销量逐年增加,这深刻反映了体育消费者的消费需求个性化的趋势。

四、体育消费内容多样化

和谐平衡的多样化生活让人愉快。随着收入水平提高,人们的消费需求不断延伸拓展,消费需求从以往物质消费、必需品消费、生存消费向舒适消费、环保消费、健康消费、炫耀消费转变。如今的体育内容更多,渠道也更丰富,民众意识到体育锻炼的重要性而主动将体育纳入日常生活的需求更为强烈,也更愿意为自己的运动爱好和健康消费买单。在这些延伸拓展消费中,"体育+"与"+体育"模式催生了体育健身、体育医疗、体育休闲旅游等新型体育消费模式和内容。根据调查发现,体育服装、鞋帽以及运动器材和器械等实物是体育消费的绝对主流,体育服务消费占比有待提高,但居民体育消费的结构正在不断优化,正从过去以体育服装、器材为主,向多数居民的体育消费由以"实物型消费"为主向以"体验型消费"为主转变。

京东大数据研究院梳理体育消费数据发现,过去 5 年中我国体育消费群体不断扩容,通过健身促进健康的热情日益高涨,体育健身持续走向全民化和专业化。与此同时,全民健身向更高水平发展,体育消费多元化趋势显著,体育服务消费快速增长。根据 2018 年"双 11"期间的数据显示,体育消费在各大电商的网络消费总额占 3%左右,其中运动用品增长最快的是垂钓、冰雪、骑行运动、露营、攀岩等用品,此数据表明体育消费的内容逐渐丰富多彩。新增热点开始向马术、击剑等小众运动项目延伸,以各类体育培训、赛事报名和场馆预订等为代表的体育服务消费也增长迅猛。户外山地运动、健身运动、跑步运动仍是目前的主流运动,高尔夫、网球、露营、游泳、潜水、帆船、马术、冰雪等体育休闲产品或服务的需求呈上升趋势。

五、体育消费群体年轻化

体教融合、体育中考成绩提升，使得体育培训行业蓬勃发展，青少年体育培训的消费金额逐步上升，青少年在整体的体育消费人群中的比例增大。以运动健身为主导的体育参与成为青年人热衷的消费领域，由此带动了一系列相关产业的快速发展，例如，健身房、健身教练、体育器材、专业服饰、可穿戴设备，甚至还有功能饮料、营养餐等。

青少年已经成为主要的消费群体，所以要夯实体育消费人群基础，重视儿童青少年体育消费，增强儿童青少年对运动参与兴趣和体育消费黏性。除了体育培训市场火热外，随着《“健康中国 2030”规划纲要》的发布以及互联网的发展，年轻人开始注重自身的健康状况，越来越多的年轻人开始进入健身房，办理健身卡、聘请私人健身教练或是跟着“Keep”等App、各大健身机构的视频直播进行锻炼。此次调查结果显示，山东省12 岁及以下居民体育消费支出为 1620.3 元。

六、体育消费形式数字化

伴随着互联网、云计算、物联网、大数据技术等新一代信息技术在体育领域持续广泛渗透，电子商务、云端健身、在线医疗等一批新兴业态层出不穷，发展势头异常迅猛。用户对体育科技类、体育增值类产品的需求将持续扩大，从而具有增值服务属性的智能型运动产品仍然有着广阔的市场空间。以网络(直播)购物、移动支付、线上线下融合为特征的新型消费业态迅速发展，其“技术红利”克服了传统业态消费的季节性因素和地域限制，极大地降低了社会交易成本，加速了产品的流通速度，提高了资源优化配置率和消费弹性，网络消费呈现出快速增长的态势。根据中国互联网络信息中心发布的《中国互联网络发展状况统计报告》显示，截至2020年我国网民规模已达9.04亿，互联网普及率为64.5%，网民数量的不断扩大有助于推动数字经济的快速发展。2020年6月，中国网络购物用户达7.49亿人，占网民整体的79.7%。网购购物规模和在购物中占比逐年提升，分别由2010年的0.5万亿和0.033%，提升至2018年的9万亿和0.236%。

5G与人工智能技术的普及，可穿戴式设备、智能化体育用品供给的增加，将用户与体育产品更好地连接。互联网的开放性特征使得"社交"无处不在，而体育消费的社交化也成为推动体育市场发展的重要动力。体育健身类App的蓬勃发展，实现了个体不受特定空间限制又能接受"教练"指导的功能，让人们的碎片化时间得以利用，同时使用者可以记录自己的运动规律、饮食状况、身体改观状况，很好地检测健康状况，并允许使用者在软件内部的社区发帖、回帖、与他人形成互动，消费者可以借助可穿戴设备，从线上得到科学健身指导；体育场馆智慧化服务，便于消费者预订、约伴健身，获得更好的专业服务；借助AI和VR技术，挖掘优质赛事数据资源，打通线上线下观赛渠道，吸引更多观众观看赛事。给消费者带来了更贴心的服务，居民体育消费的消费方式和形式发生了很大变化。大众通过体育消费的社交化活动，有利于用户之间分享体育产品与消费体验，从而创造良好的互动模式，带动目标消费者和潜在消费者的购买需求。未来在线支付的便利，也进一步降低了体育产品付费转化的技术性门槛。当前数字体育经济已成为经济高质量发展的新动能，全新的消费业态和模式不断涌现，数字化技术在推动产业结构升级、提升群众获得感方面正在不断显现其强大的作用和价值。健身软件的风靡不仅形成一种新的身体规训机制，更成为一种独特的消费实践。现在体育健身服务类App已有7大类千余种，不断为用户提供线上专业服务。数据显示，2016年超过半数的运动者会通过运动类App、微信等渠道寻找有共同运动爱好的伙伴。而致力于打造"跑步+社交"运动生态的悦跑圈，截至2017年5月底，注册用户已达4000万，日活跃用户150万，在运动中社交成为人们的普遍共识。2017～2019 年，线上体育消费用户渗透率持续提升，课题组在调研时，设置了“疫情后，您首选的体育消费方式”问题（该题为非必答题），结果显示，疫情后首选线上消费的群体数量为 17436 人，线下消费的 17386 人，不确定的为 21745 人，未作答的为 1150 人。其中，选择线上消费的群体占比 30.2%，详见图 7-1。

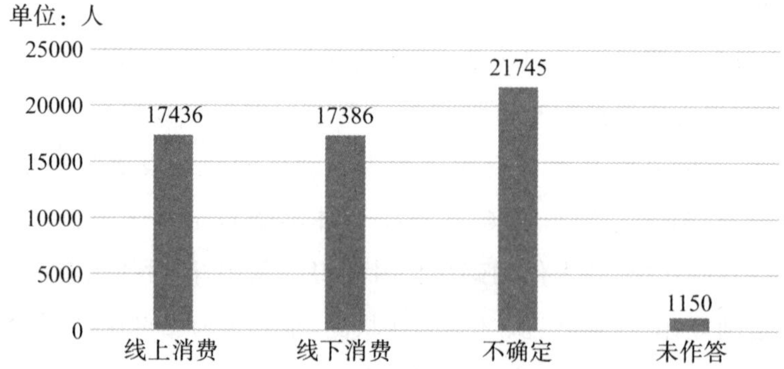

图 7-1　山东省城乡居民疫情后首选体育消费方式统计图

七、“她经济”“夜经济”成为体育消费新热点

我国 25～40 岁时尚女性人口已达 2.9 亿，女性受教育的程度呈递增的变化趋势，这就使得女性变得更加独立自主，且自身的独立意识也变得愈发强烈，2019 年女性市场规模将达到 4.5 万亿。“她经济”正在中国崛起。在体育领域，女性消费者的影响力也在不断攀升，女性市场具有较大的发展与增长潜力。体育消费作为消费升级的一个表现形式，随着女性生活方式和消费方式的变化，女性体育消费呈现在数量和质量上的显著提升。2019 年，山东省女性城乡居民人居体育消费支出为 1615.1 元。2018 年“双十一”阿里集团的数据显示，在体育产品消费人群中，女性消费者占比达到 43%，比 2017 年提高了 10%。在体育用品业方面，女性对运动防晒、泳衣类等用品的关注不断增加；在体育服务业方面，女性消费者在购买健身私教、运动康复课程等方面的比例加大。在互联网平台上，

女性也更愿意分享自己的健身时刻。可以预见，女性将在未来体育消费市场上扮演更重要的角色。《2016年中国体育消费生态报告》显示，国外许多体育运动品牌注重女性运动市场。如耐克公司通过整合营销传播方式、注重线下体验宣传等，全方位布局女性运动市场。女性体育消费用品关键词的检索次数比较高，其关键词的数量也和上年相比增多至少4倍。整体上看，女性在体育领域的参与度明显增强，女性体育消费已经成为消费市场重要的新增长点。

“夜经济”催生体育消费新动能。根据社会的快速发展，国民的生活节奏变得越来越快，这在一定程度上促进了“夜经济”的发展，“夜经济”也相继变成一种全新型的消费模式。特别是近些年，我国很多地区都涌现出了和“夜经济”相关联的各项规范措施，体育消费在“夜经济”消费当中所占据的地位越来越高，是其尤为关键的一个环节。为加快推进复工复产，山东省政府颁布了系列有关“夜经济”的规范措施，其中重点提出要坚持夜间体育消费新风尚导向性原则，尽可能延长该类型市场的销售经营时间段，大力引进较为重要的体育赛事。显而易见，体育消费在时间层面的观念变化尤为显著，其体育消费习惯也会随之发生改变。

第二节　体育消费发展成效

我国经济正从高速增长向高质量发展迈进，经济增长的动力格局发生了重大变化，消费已经成为拉动经济增长的第一动力。国务院、发改委、体育总局先后印发《关于加快发展体育产业促进体育消费的若干意见》《“健康中国2030”规划纲要》《体育强国建设规划纲要》等文件，促进居民体育消费。

一、政策红利持续释放，体育产业规模壮大

在此背景下，山东省也抢抓机遇，持续完善体育产业政策体系，在《关

于贯彻国发[2014]46 号文件加快发展体育产业促进体育消费的实施意见》和《山东省体育产业发展“十三五”规划》的基础上，相继出台了《促进全民健身和体育消费推动体育产业高质量发展的若干措施》《山东省体育局进一步促进体育消费十项措施》等政策 20 余项。开展山东省城乡居民体育消费调查，摸清我省体育消费家底；举办山东省体育消费季，试点发放省级体育惠民消费券，通过发放体育消费代金券、开展居民体育消费统计等工作，持续释放政策红利，青岛、日照入选全国首批体育消费试点城市。同时选取 3 个县(区)开展山东省体育消费试点县(市、区)工作，为全面开展体育消费试点市和试点县(市、区)创建工作积累经验。在全国较早设立体育产业发展引导资金，累计投入省级体育产业发展引导资金 1.37 亿元，先后扶持 250 余个项目，带动社会资本投入数十亿元。在济南、淄博、日照、济宁、泰安、威海、烟台开展“山东省体育消费季试点工作”，省级财政资金投入 400 万元，累计带动消费 1530.52 万元。全省体育产业总产出、增加值已分别由 2015 年的 1980.19 亿元、606.74 亿元，增加至 2018 年的 2466.55 亿元、968.58 亿元，见图 7-2。体育产业总规模位居全国第四。全省体育类法人单位 61743 家，产业活动单位 123 家、个体工商户 7007 家，占全国体育产业法人单位数的 30.87%。

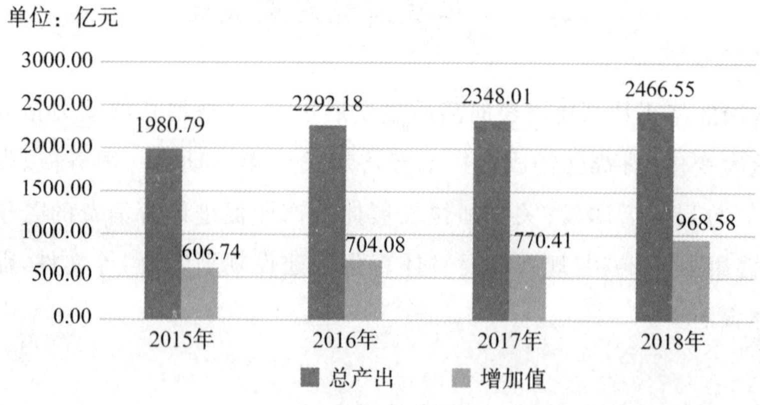

图 7-2　2015～2018 年山东省体育产业总产出、增加值统计

二、居民消费转型升级，体育消费水平提升

根据省统计局公布的数据显示，2019 年全省恩格尔系数达到 26.5%，已达到联合国划分的 20%～30%的富足标准，恩格尔系数连续呈现下降趋势，意味着居民消费结构的优化。体育人口数量决定着体育消费规模，山东省有 1 亿多的人口，7 万多亿元的经济总量，体育市场需求和购买潜力巨大。山东省城乡居民体育消费专项调查显示，全省居民体育参与程度普遍提升，参与的活动项目种类不断增加。2019 年全省城乡居民体育消费支出为 2049.8 元，占人均可支配收入的 6.49%，全省体育消费总规模 2064 亿元。居民人均体育消费水平低于上海市的 2849 元、江苏省的 2442 元。全省体育消费总规模高于江苏省的 1971 亿元、上海市的 691.78 亿元，详见图 7-3。

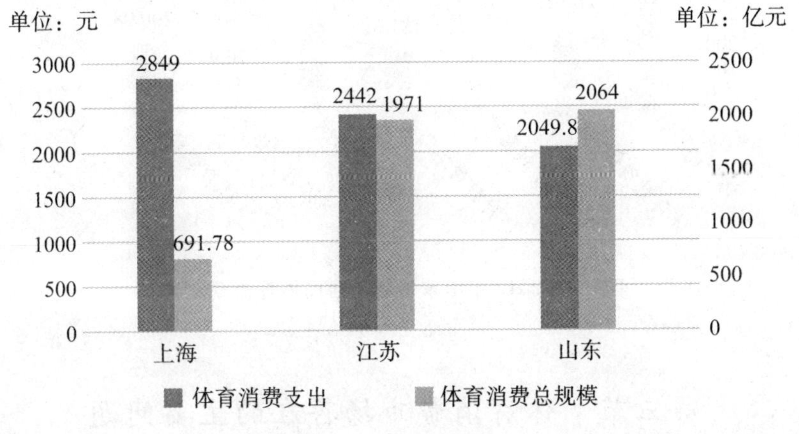

图 7-3　2019 年沪、苏、鲁三省市人均体育消费支出与总规模统计

三、消费环境持续改善，体育消费结构优化

山东省体育局积极落实国家体育总局及省委省政府政策精神，引导居民体育消费，优化体育消费环境，提升标准化服务能力，推动体育消费

结构升级，全力做好“六保三促”，增强居民体育消费信心。全省出台体育产业政策、发展报告 30 余项，归口发布 21 项体育地方标准，开展体育惠民消费季活动，发放体育消费代金券，促进居民体育消费。全省居民体育消费结构不断优化，服务消费在消费总支出中的比例继续上升，体育消费呈现出消费内容多样化、消费空间场景化、消费形式数字化、群体年轻化、产品品质化等特征。国家体育总局《体育消费分类统计办法》，将体育消费分为体育用品消费、健身休闲消费等 8 个类别。山东省城乡居民体育实物型消费支出为 893.92 元，占体育消费总支出的 44%；而服务型体育消费支出为 1155.88 元，占体育消费总支出的 56%，详见图 7-4。

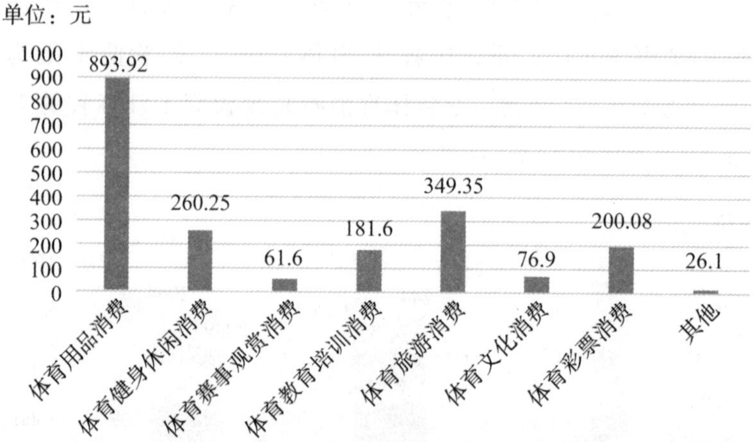

图 7-4　2019 年山东省城乡居民体育消费结构

第三节　体育消费市场存在的主要问题

尽管我国经济建设取得了举世瞩目的成就，目前已成为世界第二大经济体，但无法否认的是经济建设与社会建设之间仍然存在脱节现象，社会经济发展不平衡现象以及贫富差距问题较为突出。在此背景下，山东省城乡居民体育消费也存在着多个层面的深度不均衡问题，如供给侧与需求侧之间不平衡现象，表现为相关体育产品和服务供给过剩、不足等问题，错配现象较为严重，体育消费整体不充分，供给侧无法与需求侧实现平衡对接，尤其是供给侧结构失衡，体育用品制造业过剩，体育服务业则相对滞后。

一、消费率较低，体育消费有效需求不足

内需不足，特别是体育消费不足是我国经济持续健康发展的重要障碍。据调查，2015 年，我国参与体育锻炼的人口比例为 18.7%，人均体育消费支出金额为 140 元，虽有一定的体育消费人口基础，但较大部分人口并没有真正参与体育消费的过程，体育消费人口规模显现差距，亟待提升。2017 年，全国经常性参加体育活动锻炼的人口比例为 41.3%。体育人口有待提升，体育消费有效需求不足。调查显示，山东省城乡居民每周活动 3 次及以上者为 21069 人，仅占调查对象的 36.50%；每周参加 1～2 次锻炼的为 9273 人，占 16.07%；每周不足一次的为 6174 人，占 10.70%；很少锻炼且时间不固定的人数最多，为 21201 人，占全部调查对象的 36.73%。经常参加体育活动的群体数量不大，影响了山东省城乡居民体育消费总规模。根据国家发改委数据，2018 年我国体育消费市场规模尚不到 1 万亿元，与《全民健身计划（2016～2020 年）》确定的“到 2020 年全国体育消费总规模达到 1.5 万亿元”的目标尚有较大差距，居民体育消费水平尚处于一个较低的发展阶段。体育作为倡导健康生活方式的习惯尚未普遍形成，居民体育意识普遍不强，体育消费尚未成为生活性消费的组成部分。尽管各级政府制定了系列鼓励体育消费的政策文件，促进我国体育消费的快速增长和消费内容的升级，拓展体育消费空间，将体育产业打造成国民经济支柱产业。从国际比较和国内消费需求来看，体育产业发展和居民体育消费仍处于相对落后的状况。2019 年，山东省城乡居民体育消费水平落后于江苏、上海等省市的发展水平，详见图 7-5。

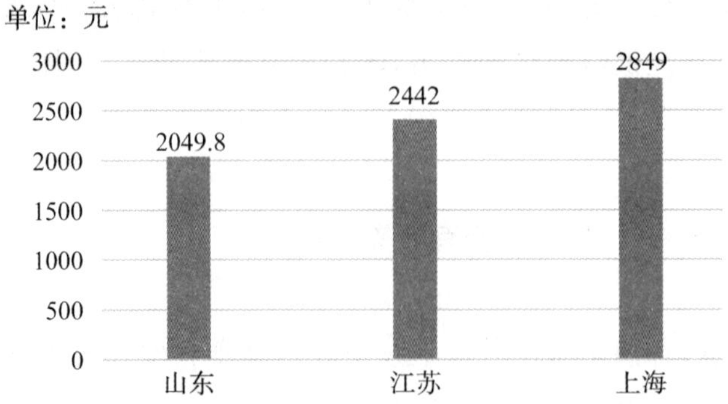

图 7-5　2019 年鲁、苏、沪三省居民体育消费支出水平统计

二、体育产品供给质量有待提升

随着居民生活水平的提高，人们对高品质消费的认知逐渐清晰，多领域高品质产品和服务供给不足的矛盾日益突出，导致消费者“储币待购”，或者使居民通过异地或境外购买的方式消费，导致体育消费需求外溢，极大影响到我国体育产业的发展质量和发展水平。从体育产品和服务的供给来看，针对消费者个性化、多样化体育消费需求的体育产品还很不足，定制化的体育消费产品尚待起步，体育产品和服务的标准化建设尚待加强。体育企业在重视规模扩张的同时忽视了产品质量提升，高品质消费品的生产能力远远无法满足日益增长的国民需求，目前体育产业发展中，体育用品过于传统，产品雷同，高端产品供给不足，产品数量少，缺乏新产品、科技含量低，特别是缺乏国内、国际知名品牌产品，体育产品多处于全球价值链的中低端。供给缺乏科技含量、国际竞争力和国际知名品牌，国际化程度较低，国际竞争力不强，无法满足消费者个性化、差异化的消费需求，城乡居民体育消费意愿因体育产品和服务的供给质量问题被抑制。

体育产品供给中仍然缺乏高品质的体育服务产品，包括观赏性极强的高水平赛事仍然相对稀缺，大众参与性的高品质赛事举办资质和资源仍然集中在政府手中。尽管行政审批制度的改革促使我国在商业性和群众性赛事的审批程序上已经大为简化，但由于大众性赛事举办涉及场地、人员、经费等各个方面的交易成本，赛事水平不高、观赏性不强、健身房等预付费产业长期缺乏监管，导致侵害消费者权益的情况时有发生。市场和社会力量举办赛事往往会入不敷出，造成大型赛事的举办条件仍然集中在政府手里。

三、供给结构的适应性和灵活性不高

体育产业部门或企业提供的体育产品及服务决定着人们体育消费的内容和行为。居民消费偏好逐渐从“有没有”转向“好不好”，供需矛盾也从数量和规模的矛盾转向质量和结构的矛盾。目前供给结构调整升级相对滞后，供给侧对需求变化的适应性调整明显滞后，有效供给不足，供给质量不高，供给内容不足，供给形态基本雷同，服务项目少，服务层次较低，难以满足人民群众日益升级的健身休闲、竞赛表演、体育培训、体育旅游等业态的多元化、个性化、多层次、高品质的体育消费需求，导致供给结构与需求结构相脱节。2016 年 10 月，中共中央、国务院印发《“健康中国2030”规划纲要》指出：健康服务供给总体不足与需求不断增长之间的矛盾依然突出，健康领域发展与经济社会发展的协调性有待增强。体育科研、健康管理、运动康复指导培训行业仍存在大量空白，“体育＋教育”“体育＋卫生”“体育＋旅游”“体育＋传媒”等多个业态融合发展不够深入，有影响力的本土原创商业赛事十分稀缺，以面向低收入群体为主的供给体系没有及时调整为以中等收入群体为主的供给体系，导致了中低端产品过剩、高端产品供给不足，无法满足多样化、个性化的消费需求。这也表明之前的生产结构、供给体系已经不能满足庞大的中等收入家庭多元化、个性化、品质化的消费需求，不利于消费潜力的释放，不能适应升级后的消费需求，产业低水平重复过剩与高品质产品短缺并存是当前存在的一个较突出的结构性问题。

四、扩大体育消费升级的政策体系尚需健全

体育消费政策顶层设计与具体措施并未达成同步进行，体育消费政策与原有政策执行体系仍存在对接不畅等问题。中共中央、国务院发布了《关于完善促进消费体制机制进一步激发居民消费潜力的若干意见》，强调要顺应居民消费提质转型升级新趋势，依靠改革创新破除体制机制障碍，实行鼓励和引导居民消费的政策，从供需两端发力，进一步激发居民消费潜力，不断满足人民日益增长的美好生活需要。

国家扶持政策力度加大，出台了一系列促进体育产业发展的政策措施，但在落实上没有形成合力。在体育消费政策实施的过程中，从国务院“46 号文件”开始，明确要求取消商业性与群众性体育赛事的赛事审批，并在随后的相关政策中提出“一站式”办理与“谁主管，谁负责”的相关要求，但是仅仅依赖于顶层设计难以取得效果，由于缺乏具体部门协调机制与审批改革措施，导致相关部门不愿承担责任、相互推诿的现象产生，挫伤了体育消费市场主体的信心与积极性。税收、土地、金融、水电等方面缺乏专项支持政策，目前已出台的体育产业政策大多侧重于宏观指导，缺乏针对性和操作性的细则，难以有效落地。

财政和金融支持力度不够，省级体育产业发展引导资金额度远远滞后于江苏、北京、浙江等省市。江苏省自 2011 年起设立省级体育产业发展引导资金，以资助、贴息、奖励等方式扶持体育企业发展，资金额度于 2014 年便由设立之初的 6000 万提升至 1 亿元。浙江也于 2017 年将资金额度由设立之初的 5000 万元提升至 1 亿元。而山东省近年来资金额度一直维持在 3000 万元的规模，且于 2019 年停止了体育产业引导资金的发放。为更直接地促进居民体育消费，各个省市积极开展体育消费季、发放体育消费代金券等活动。山东省体育消费代金券的规模也低于北京、江苏、浙江等省市。体育消费的补贴方式相对单一，以对企业和场馆发放补贴为主，缺少直接的惠民途径。除此之外，政策红利释放不到位，体育

与相关部门间的工作推进多处于单兵突进状态，尚未形成合力效应。尤其是金融、土地、税费、水电等优惠政策，还没有得到有效落实，现有的统计体系还不能全面反映体育消费需求的新变化，统计信息服务、标准化建设和市场监管服务有待完善。

五、体育行业人才供给不足

体育行业人才供给不足，制约了体育消费满意度的提升。近年来，我国体育产业发展迅速，产业规模不断扩大，体育产业在经济中的地位和作用不断提高。同时，体育产业与其他相关产业的融合正在逐步进入“深水区”。体育行业从业人才严重不足，具体表现在管理人才、创新人才和基层人才三个方面，导致我国的体育消费满意度普遍不高。体育人才培养水平与体育产业发展需求之间呈现出明显的供需矛盾。根据体育产业单位名录库分析课题组公布的数据显示：2016～2018 年，我国体育产业从业人员分别为 440 万人、472.9 万人、464.88 万人，平均年增幅仅为 2.2%左右，2017～2018 年甚至出现负增长。体育产业从业人员平均增幅远远滞后于体育产业总产出和增加值两位数的发展增速。据媒体报道，预计到 2025 年，我国体育产业从业人员的缺口将高达 500 万人。与发达国家相比，体育产业从业人员占全国总就业人口的比例还有较大差距。2007～2011 年，美国体育产业的从业人员稳定在 320 万人左右，约占总就业人口的 2.5%；2011 年，欧盟体育产业的从业人员达到 446 万人，占欧盟就业总人口的 2.12%。按照统计数据最高的 2017 年来看，我国体育产业从业人员 4729471 人，仅占全国从业人员的 0.61%，与发达国家相比还有较大差距。

除数量缺口巨大外，从质量上考察，我国劳动力质量还存在巨大缺口。就从业人员的素质来看，大部分从业人员都是非专业人员出身，缺乏体育常识。体育产业能否实现高质量发展，面临的最大挑战就是从低技能的劳动力向高技能劳动力的转变。但我国体育产业人才还存在总量偏少、素质不高、分布不均等问题，专业人才短缺已经成为制约体育产业高质量发展的主要障碍。体育产业从业人员中从事体育用品及相关产品销售和制造的人员分别为 3336092 人和 1282842 人，占体育产业总从业人员的 97.66%，体育服务业的从业人员较少。以体育用品制造业的从业人员为例，虽然从业人员的规模迅速增长，但从业人员的文化程度普遍较低，属于典型的“劳动密集”类型。根据厦门大学课题组关于福建晋江国家级体育产业基地从业人员的调研报告显示：初中、高中文化程度的体育制造业从业人数占到总体 93.1%。目前，高校培养的体育专业人才结构和人才的专业技能与社会需求严重脱节，导致体育专业人才供需错配。一方面是人才需求缺口巨大，另一方面，教育部 2019 年公布的 15 个就业率最低的本科专业中就有两个体育相关专业上榜，公共事业管理（体育）、社会体育指导与管理等专业学生难以就业，体育专业人才供给与社会需求脱节严重。

除从业人员缺口巨大外，体育产业管理人员也存在供给不足的情况，尤其是区县一级体育产业管理人员匮乏。因山东省 138 个县市区的体育和教育部门已经合并为教体局，教体局没有设立体育产业的相关科室，人员和经费投入不足，影响到体育产业具体政策和工作在基层的贯彻实施，制约了体育产业的发展。

六、消费结构有待进一步优化

山东省城乡居民体育消费仍然存在各个层面的深度不均衡现象，区域布局失衡、体育消费结构不合理，实物型消费占据主导地位，而参与性消费、服务类消费比重较低，观赏型体育消费还有较大的增长空间等问题也普遍存在。

1.区域布局失衡

山东省体育产业总体布局失衡，整体呈现“东强、中平、西弱”格局，区域协同有待强化。调查显示，2019 年全省城乡居民体育消费支出为

2049.8 元，其中体育消费支出水平最高的是青岛市，为 2878.94 元，支出水平最低的是聊城市，为 1785.2 元，青岛市居民体育消费支出比聊城市高出近 40%，呈现出典型的“东强西弱”的发展态势，详见图 7-6。区域体育产业关联度和互补性较低，尚未形成以点带线、以线带面的联动效应。

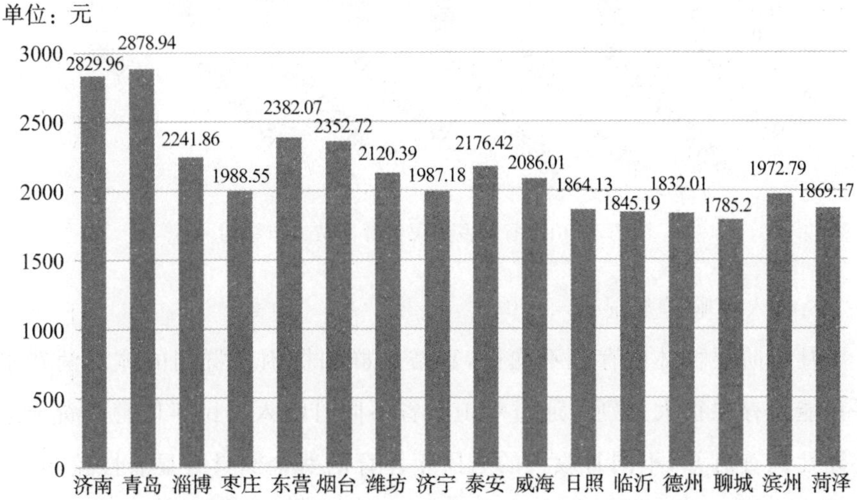

图 7-6　山东省城乡居民不同区域体育消费支出情况

2.消费结构不合理

山东省城乡居民体育消费支出以体育用品等实物型消费支出为主。按照国家体育总局《体育消费分类统计办法》，将体育消费分为体育用品消费、健身休闲消费、体育观赛消费、体育教育培训消费、体育旅游消费、体育文化消费、体育彩票、其他体育消费等 8 个类别。其中，体育用品消费支出为 893.92 元、体育旅游消费支出为 349.35 元、体育健身休闲消费支出为 260.25 元、体育彩票消费支出为 200.08 元和体育教育培训消费支出为 181.6 元，支出最少的是其他类体育消费支出，仅为 26.1 元，详见图 7-7。

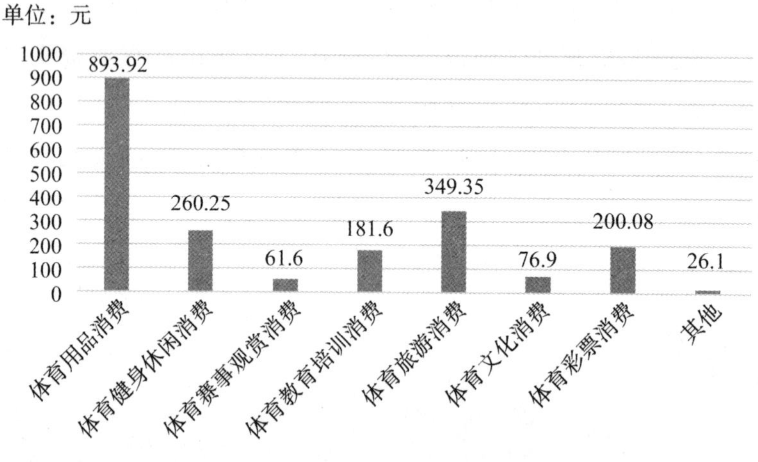

图 7-7　山东省城乡居民体育消费支出结构

3.收入影响差异显著

社会阶层群体间存在不均衡，富裕人群和贫困人群间的体育消费水平和能力存在很大差别。通过对山东省不同月收入居民年体育消费金额差异性调查可知，不同月收入的居民年体育消费金额具有显著性差异，其中月收入为 10001～20000 元的居民，年均体育消费金额最多，为 5035 元，月收入在 3500 元以下的居民，年均体育消费金额最少，为 1573.2 元，详见图 7-8。月收入为 10001～20000 元的居民体育消费支出是月收入 3500 元以下居民的 3.2 倍，二者相差 3461.8 元。

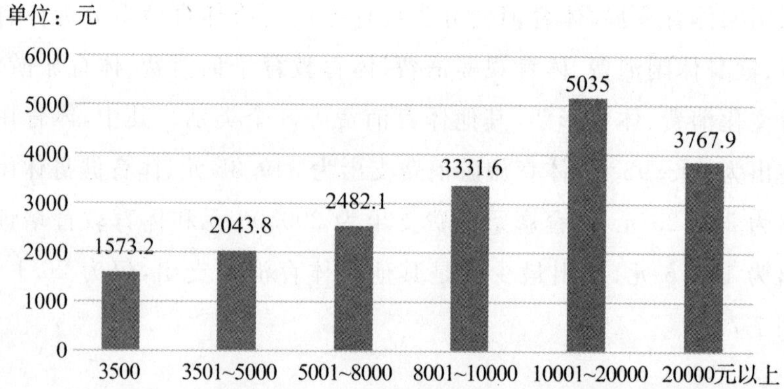

图 7-8　山东省城乡居民不同收入群体体育消费支出情况

七、体育文化建设滞后

消费文化是人们生产生活及消费活动中所体现出来的消费理念与消费方式，同时还包括人们所处的消费环境以及消费行为。消费文化将很大程度上决定消费的总需求以及需求取向，这对于供给侧改革具有重要的影响力。随着我国体育产业的快速发展，体育需求不断提升，体育消费文化在扩大体育消费的过程中将产生巨大的指引与导向作用，这在消费理念、消费方式、消费行为与消费环境中都有不同程度的体现。体育文化消费会影响居民的体育价值观念、审美意识、体育活动质量，在体育消费中具有不可替代的作用。2019 年，山东省全省城乡居民人均体育文化消费支出为 76.9 元，仅占体育消费总支出的 3.75%，体育消费文化总体上落后于体育消费的发展速度。

第八章　促进山东省居民体育消费的建议

在新形势下，促进体育消费需从供需双侧发力，必须正确处理好供给与需求的辩证统一关系，加强供给侧和需求侧互动反馈，统筹需求侧管理与供给侧结构性改革，避免单侧管理失灵，形成供给侧与需求侧的良性循环和动态平衡。要顺应和把握消费升级大趋势，关注居民享受、休闲的需求，支持发展旅游度假型消费，进一步解放生产力，大力发展大众文化体育事业、产业和健康消费，以消费升级引领产业升级，释放潜在消费能力，增强经济活力，促进经济发展动力转换，以创新供给催动需求释放，以扩大有效需求倒逼供给升级，实现体育市场的供需均衡，更好地满足居民消费需求，提升人民生活质量。

第一节　需求侧：培育体育人口，实现体育消费提质扩容

体育人口、运动习惯、健身活动与组织等构成了体育消费的发展根基。体育消费市场的扩容，不仅需要体育产业发展的引领，通过生产促进体育消费，还需要不断提升消费者的体育消费意识，转变消费者的体育消费行为，培育并逐渐形成一定规模的体育消费人口。体育消费需要体育人口，体育人口是体育消费的基础，应进一步强化问题导向，着力解决好“谁来消费”的关键问题。国务院印发的《全民健身计划（2021～

2025年)》提出，到2025年，经常参加体育锻炼的人口比例达到38.5%，三级公共健身设施和社区15分钟健身圈实现全覆盖，带动全国体育产业总规模达到5万亿元。《山东省全民健身实施计划(2021～2025年)》提出人均体育场地面积达到2.7平方米以上，公共体育设施全面开放，每千人公益社会体育指导员达到2.6名以上，夯实全民健身的服务基础。消费群体是体育产业发展的核心动力，所以要实现持续推进体育消费文化建设，从需求侧发力，注重对体育消费人群的培养，引导体育消费需求，扩大体育人口。

注重把握不同群体的体育消费特征以及不同收入阶层的消费倾向和消费能力，出台鼓励措施区别对待。针对低收入群体，要"使其能消费"，加大就业培训力度，提高低收入群体的就业能力和收入预期。针对中收入群体，要"使其敢消费"，比如落实带薪休假制度，增加假期以刺激其有充分的时间去消费。针对高等收入群体，要"使其想消费"。从需求侧发力，重视体育教育，培育体育习惯，掌握体育技能，扩大体育人口基数，为体育产业高质量发展奠定坚实基础。把体育运动变成民众终身受益的习惯，形成爱运动、爱健康、积极向上的运动文化氛围。学校体育是体育消费的组成部分，随着收入水平的增长和家长受教育水平的提高，子女更有可能参与课外体育俱乐部。为掌握一定程度的体育技能，获得一定的体育知识，催生了体育培训业。

一、弘扬全民健身理念

崇尚体育、崇尚健康的社会氛围是培育人口的关键。激发居民体育消费潜力，扩大居民体育消费需求，引导居民健康的消费观，必须塑造体育消费文化。要做好体育文化宣传工作，使广大消费者树立科学的消费观念，改变不利于身心健康和全面发展的消费行为、消费方式和消费习惯，妥善利用互联网、电视、广播等平台，为人民营造出浓厚的体育消费氛围，培养广大人民群众的体育消费意识，促进体育产业发展。引导健身消费的新理念是体育消费升级在供需两端观念和思维层面首先要解决的问题。没有需求侧健康的体育消费理念和供给侧创新的体育消费供给思维，我国体育消费就难以形成高质量的升级。要提高体育消费者的消费观念和消费意识，体育消费者要逐渐树立全民健身的观念，认识到体育对身体健康和心理健康的重要性，倡导健康消费理念，将“体育能够使得生活更加美好”当作主要的宣传教育内容，为城市居民全面宣传有关的体育科学生活方式、文明生活方式与健康生活方式，让人们树立正确的体育消费观念意识，参与到各项体育活动中去，主动投身到体育消费中来。把推进全民健身供给侧改革，作为发展全民健身事业的着力点，力求提供丰富多彩的活动供给，有效提高大众参与体育锻炼的热情，提升体育人口发展数量和质量。广泛宣传科学健身知识和方法，倡导健康的生活方式，改变固有的对体育的“偏见”，加强体育类电影、综艺等创作和传播，普及日常体育锻炼、健康知识，发挥体育明星的示范作用，增强全民的健身意识，引领体育消费趋势。结合新时代的潮流，创新体育健身活动的形式、方法和内容，引导居民形成良好的体育消费习惯和体育锻炼习惯，增加日常生活中体育运动的占比。

进一步引导居民在体育消费类型上向参与型体育运动消费倾斜，提升体育消费的健康属性，避免陷入追求体育消费高端品牌的炫耀性怪圈。要注重培育居民开放、互动、共享的体育消费习惯，构建共享体育消费平台，加大体育健康消费理念的宣传与报道，完善体育消费补助机制，遏制体育消费异化思想的蔓延。

二、夯实体育技能储备

体育消费需要一定运动技能储备，尤其是参与型、观赏型体育消费需要必要的运动技能储备作为支撑。要促进体育消费，大力发展体育培训市场，积极推广基本体育技能。要鼓励各级体育行业协会、体育俱乐部开展科学健身讲座、科学健身指导、科学健身知识竞赛等活动，依托各地国民体质监测中心，发挥社会体育指导员作用，广泛宣传《科学健身指南》，大力推行《国家体育锻炼标准》，推动群众掌握基本体育技能。提高体育消费者的消费知识水平并增强他们的体育技能，培养消费者的体育消费需要，合理确定自身的体育消费类型和运动强度。

积极推广普及性广、关注度高、市场空间大的运动项目，引导和支持社会力量开发适合不同人群的体育技能培训课程，充分借助互联网、大数据等手段，提供形式多样、更有针对性的运动处方和健身指导。学校体育对于养成学生体育习惯进而促进体育消费具有直接作用。加强学校体育教育，注重体教融合，使其养成终身体育健身的良好习惯。引导广大青少年积极参与全民健身活动，广泛开展各级学校体育联赛等举措，推动每名学生熟练掌握至少1～2项终身受益的运动技能，促使他们养成体育学习习惯。支持机关、团体、企事业单位和其他组织将职工健身列入工作计划。落实全民健身行动计划，实施“全面健身入户工程”，以社区为单位健全全民健身“六边”工程。推广运动水平等级标准和业余赛事等级标准，大力发展体育培训市场，开发特色培训项目，满足群众不断提高体育技能的需求，增强消费黏性，有效提升体育消费群体规模。

三、驱动消费转型升级

顺应居民消费转型升级的趋势，把驱动居民体育消费升级作为主攻方向，扩大新兴时尚体育消费、稳定传统消费、挖掘潜在消费，激发体育消费新热点，培育体育消费需求新动力。全面落实“十大扩消费行动”，加强体育消费的科学指导，普及体育技能，进行科学健身指导，培育更多的体育人口，建立全民体育的社会基础。在细分体育市场的基础上，及时关注不同年龄的各类目标群体体育消费的新变化和新特征，大力培育中高端消费群体，尤其面向青少年的体育培训市场、中青年的健身娱乐市场、老年的康复养老市场、“全年龄群”的医养健康市场。

第二节　供给侧：丰富产品供给，提升供给质量和效率

消费提质升级是人民对美好生活需求的直接体现，也是供给侧结构性改革的动力和最终目的。深化体育产业供给侧结构性改革，丰富体育产品和服务供给，提高供给质量，是解决“消费什么”“敢于消费”问题的最有效举措，也是深度挖掘体育消费潜力的关键所在。更好地满足和培育消费需求特别是中高端消费需求，必须紧紧围绕消费升级需求，着力提高供给体系质量和效率，激发企业不断提升产品质量和培育品牌的内生动力，多渠道增加产品和服务的有效供给。要坚持以供给侧结构性改革为主线，积极顺应和把握消费升级大趋势，创新和完善促进体育消费的体制机制，以提高体育产品和服务供给体系质量为主攻方向，构建多元化体育产品和服务的供给主体，大力促进社会力量办体育，加强政府、社会和市场各个供给主体间的协作力度，以增加高品质体育产品和服务的供给，降低供给成本，提升有效性供给，满足多元化体育消费需求。建立起一个能不断适应市场需求的供给体系，形成产权有效激励、要素自由流动、价格反应灵活、竞争公平有序、企业优胜劣汰的经济增长的新体制机制，实现供给侧与需求侧的良性循环和动态平衡。

一、丰富体育产品供给

以满足人民群众日益增长的多元化、多层次体育消费需求为导向，深化体育产业供给侧改革，构建更加成熟的消费细分市场。要对体育消费市场进行更为细化的分层，从而掌握和了解居民体育消费需求的动态变化规律。体育消费需求日趋多元化、个性化趋势明显，不同消费群体、不同消费预期、不同消费理念、不同消费能力居民的体育消费需求差异化显著。可将体育消费市场分割为不同的细分市场：按照人群划分，可分为青少年体育、老年人体育、女性体育等；按地域划分，可分为农村体育、社区

体育；甚至青少年体育还可细分为校外体育消费、大学生体育等不同体育消费类型。体育企业要找准定位，加强细分市场的研究，根据市场需求有针对性地设计和提供多元化、个性化、生活化、智能化的体育消费产品，尤其要引导各类人群在体育消费中培养运动生活的习惯，提升体育消费，促进身心健康。供给侧要积极响应需求侧的变化，以产业升级引领消费升级，丰富体育产品供给，加大体育服务消费供给力度，加大个性化、多样化的新型消费供给力度，满足新型消费供给需求，实现供给与需求的有效对接，解决好体育需求不足与需求外溢并存的问题。提供具有针对性的体育服务与产品，改善生活品质，满足人民对美好生活的需求，助力全民建身和健康中国建设，这也是扩大体育消费的重要举措。

随着现代互联网产业、旅游产业、文化创意产业、生态产业等消费热点的兴起，体育消费也获得了与时俱进的发展契机。紧紧围绕居民消费升级需求，着力提高供给体系质量和效率，激发企业不断提升产品质量和培育品牌的内生动力，多渠道增加产品和服务有效供给。要根据不同的消费层次开发贴近消费需求的产品，创新产品供给，开拓新的消费领域。进一步加大体育产业与其他热点产业的交叉融合，培育内容丰富、价值多元、功能多样的体育消费产品。要积极实施“体育＋”工程，以运动项目产业为核心，以体育综合体为抓手，以市场为主体，以“体育＋”和“＋体育”为路径，推进体育与文化、旅游、养老、健康、教育、互联网、金融等产业融合发展，打造体育消费新业态。加快推动商业与文化、体育、教育、旅游等服务业的融合发展，进而形成各类新型消费，并加强新型消费服务设施建设。以产业链深入融合为纽带，支持和引导产业集聚发展，促进体育产业与文化、旅游、康养、教育、互联网等产业的深度融合，拓宽体育产业增长空间，丰富体育产品和服务的供给。积极培育冰雪运动、山地户外运动、水上运动、航空运动、汽车摩托车运动、电竞运动等有关体育消费新业态。支持社会力量举办各级各类赛事活动，打造一批有影响力、高质量的品牌赛事，丰富节假日体育赛事供给，将更多赛事向二三线城市拓展，满足群众的参赛、观赛需求，发挥其作为体育消费龙头的带动作用。加大个性化、多样化的新型消费供给力度，满足新型消费供给需求。持续推动体育用品消费，鼓励体育用品制造企业加大研发投入，提升产品科技含量和个性化设计水平，结合可穿戴式设备、虚拟现实技术、物联网管理平台等，研发多样化、智能化的体育产品，更好地满足群众不断升级的消费需求。

二、提高体育产品供给质量

质量发展是兴国之道、强国之策。质量是产品或服务的生命，也是实现体育消费升级的关键。居民体育消费偏好正逐渐从“有没有”转向“好不好”，体育市场的供需矛盾也从数量和规模的矛盾转向质量和结构的矛盾，这也导致了体育消费需求外溢和低端体育产品产能过剩并存的问题。解决这一问题的关键是提高供给体系质量，形成消费引领和供给侧结构性改革互相促进的良性循环，核心是要推进消费引领的发展方式。继“十三五”规划第一次提出实施“质量强国”战略，党的十九大报告也多次提及与“质量强国”有关的要求，要建设“质量强国”。如在报告“建设现代化经济体系，深化供给侧结构性改革”部分中，就提到“必须坚持质量第一”“把提高供给体系质量作为主攻方向”。国务院《关于印发〈质量发展纲要(2011～2020 年)〉的通知》(国发〔2012〕9 号)指出：“质量既反映了一个国家的综合实力，是企业和产业核心竞争力的体现，也是国家文明程度的体现。”按照补齐短板、增强供给、优化结构、增强动力、提高质量、提升效率的要求，深化体育产业供给侧结构改革，提高有效供给数量，减少供需数量差异。体育产业供给侧结构优化，最重要的就是提高体育产品和服务的供给质量，全面提升体育产业供给体系质量和效率，让体育产业的供给能力能适应领先的需求结构的变化，将体育市场各方的有效需求和有效供给结合起来，才能有效化解长期存在的结构性过剩和短缺并存的矛盾。

1.重塑“工匠精神”，扎实提高产品质量

党的十九大报告提出“我国已经由高速增长阶段转向高质量发展阶段”，解决发展不平衡不充分的矛盾，必须要依靠高质量的发展，这对于体育产业发展具有鲜明的现实针对性和对未来发展的指引功能。我国体育企业，尤其是拥有支柱产业地位的体育用品制造企业的发展，一直以来重视生产规模而忽视产品质量，制造环节精益求精的"工匠精神"所带来的高附加值还没有被认识到，在一定程度上导致了体育用品制造业大而不强、国际竞争力仍有待提升的格局。

产品质量，从狭义上讲主要包括产品性能的稳定性、耐用性、良好状态的持久性以及使用的安全性等几方面，它主要指产品的物理性能；而广义的产品质量还包括了相关的服务质量。提升体育产品和服务的内涵和品质，推进体育用品制造业发展战略从数量扩张型向质量提升型转变，精益求精的"工匠精神"正是高质量"中国制造"的文化基础，精益求精的"工匠精神"强调了对产品品质提升永不满足的精神追求。工匠精神和产品质量之间具有紧密联系。提高产品质量，首先要积极营造全社会重视产品质量、服务质量的良好氛围，鼓励企业将产品和服务质量作为立业之本，强化质量责任意识，强化质量是提升企业竞争力和塑造品牌的基础。引导企业要追求、发挥工匠精神，狠抓产品质量，加快产业转型升级，精致生产，提高生产的标准性、安全性、可靠性、智能性、精细性，以优质、诚信、高效的生产方式，提升产品质量，着力推进体育企业创新发展，提供更高品质的体育产品和服务。

2.由做产品向做标准转变，提升国际市场的话语权

我国体育产业标准化工作起步较晚，有些方面的规定还不够完善合理。有时企业为了追求利润，随意降低产品和服务质量，不少假冒、伪劣商品充斥于各类市场。健身俱乐部、体育培训机构捐款跑路、健身器材安全问题屡见不鲜，严重扰乱、破坏了体育市场秩序，使得国内外消费对国内商品信心不足。究其原因是体育产业行业标准化建设滞后所致，体育市场长期缺乏统一的行业标准、行业规范、行业监管细则，诸多领域没有制定统一、合理、健全、规范的市场规则和功能标准，也导致了企业产品的附加值较低、国际市场话语权不高等一系列问题普遍存在。

随着经济全球化进程的加快，国际贸易往来日益密切和便捷。相比

于过去，国家对外开放的政策表述主要集中在通过参与全球分工合作，促进国内贸易投资增长，抑或是以开放促改革等方面。近年来的发展规划更进一层，多次在党的文件里提到“积极参与全球经济治理、积极承担国际责任和义务”“提高在全球经济治理中的制度话语权”等表述，显示了党中央对我国在全球经济治理中的责任担当以及信心和决心。应高度重视体育标准体系的建立和完善，加强标准体系和检验检测机制建设，积极主动参与国际规则制定。提高国内体育产品和服务的质量标准，积极引导企业由“做产品”向“做标准”转变，支持企业参与构建全球性标准研发，积极开展国际对标，鼓励企业主导和参与国际标准的制定、修订工作。强力实施高要求的国内标准，通过标准引领、规范行业发展秩序。鼓励具备条件的体育企业从“做产品”向“做标准”转变，积极推动我国产业标准上升为国际标准，提升我国产业发展的国际竞争力，提升在国际市场中的话语权。强化标准引领，鼓励行业协会、龙头企业、高等院校、科研机构等联合制定团体标准、行业标准和国家标准。优化体育产品和服务的标准体系，打造一批标杆示范项目，通过标准和标杆来引领发展，倒逼企业升级，达不到标准的企业强制退出，集中优势资源，吸引国内消费者。制定体育产品“领跑者”“驰名商标”制度，定期遴选并发布一批体育产品“领跑者”“驰名商标”产品目录，培育建设一批拥有较高知名度和美誉度的体育品牌。大力推进标准化生产、品牌化营销，着力提升国内体育产品和服务的质量，提高消费者对国内体育产品和服务供给的信心。

三、激发市场主体活力

激发体育市场主体活力，不断提升多元供给主体的能力。建立良好的市场秩序，要积极培育和壮大各类消费供给主体，通过深化简政放权、放管结合、优化服务改革，推进体育行业协会改革和事业单位分类改革，清除行政性垄断和区域壁垒，进一步向社会开放体育资源，广泛吸引社会资本进入体育领域，培育发展多形式、多层次的体育行业组织、体育俱乐部，繁荣体育市场，激发体育市场活力。打通体育制造业进入生产性服务领域通道，推动生产要素向体育制造业和服务业流动，提高体育制造业和服务业规模经济和生产率。

加强体育资源交易平台建设，创新市场运行机制，不断优化产业基础。着力培育具有国际竞争力的山东省体育产业集团，充分发挥体育产业联合会在联合发展、互惠共赢中的作用。加快国有体育企业发展，重点培育一批有实力、有竞争力的民营企业，支持创业者发展体育产业，支持转型及双创企业发展体育产业。活跃体育企业，增加体育产品及服务的供给数量与品种。进一步提升体育企业经营管理水平，壮大企业实力。提高产业运营的专业化和市场化程度，提升企业自主创新能力，提高体育企业资本化运作水平和资源整合能力。扶持中小微企业，引导中小微企业特色化发展、专业化运营、精细化管理，梯次培育更多体育产业细分领域“专精特新”“瞪羚”企业。鼓励社会资本组建职业俱乐部，做强职业俱乐部，推进体育赛事举办权、承办权、转播权的公开、公平、公正流转，提高市场运行效率。壮大体育社会组织，提升体育社会组织的数量和质量，推动体育协会等社会组织实体化、社会化、专业化发展。加大对教练员、裁判员等各类体育产业人才的培养力度，为体育产业高质量发展提供人力资源保障。积极培育体育保险市场，引导保险公司根据体育运动特点和不同年龄段人群，开发场地责任保险、运动人身意外伤害保险等保险产品，积极推动青少年参加体育活动相关责任保险发展。

四、夯实体育消费基础

体育场地设施是开展各类体育活动最基本的物质保障，是实施健康中国、体育强国等国家战略的重要载体，是发展体育产业、释放体育消费空间的重要基础和保障，对于推动体育事业和体育产业的发展都发挥着举足轻重的重要作用。针对目前体育场地设施存在的绝对数量不足却又相对闲置浪费等问题，如何围绕实现“增量崛起”与“存量优化”，需要从以下几个方面进行破解：一是扩大增量，优化体育用地供给。因地制宜建设体育场地设施，支持企事业单位在现有用地的基础上，拓展体育场地设施建设空间，兴建、改造体育设施，提高体育场地增量。二是盘活存量，提高现有体育场馆的智慧化、信息化、场景化的服务水平，解决用户需求和场地供给信息不对称的问题，优化体育场地存量，提高场馆的利用率。实现学校体育场地的社会化服务，在满足学校体育活动的前提下，符合条件的应向社会开放，真正实现 15 分钟体育生活圈，满足百姓的健身需求。三是功能改造，顺应消费者场景化、智慧化和家庭成员集体健身的需求趋势，加强体育综合体建设，丰富体育场馆的功能。通过综合体建设，改变场馆单一业态的运营模式，将体育元素融入百姓生活的各个方面，通过体育综合体满足家庭成员体育活动需求以及购物、培训、餐饮等附加需求。

1.扩大增量，多渠道增加体育场馆设施的供给

国务院办公厅印发《关于促进全民健身和体育消费推动体育产业高质量发展的意见》，将“深化‘放管服’改革，释放发展潜能”放在首位，明确提出要深化体育场馆运营管理改革的要求。多渠道增加体育运动场地，鼓励地方政府盘活存量资源，改造旧厂房、仓库、老旧商业设施，建设群众身边的体育健身场所。因地制宜来建设体育场地设施，支持企事业单位在现有用地的基础上，对空闲的厂房、学校、社区用房进行改建和利用，拓展体育场地设施建设空间，兴建、改造体育设施，提高体育场地增量，用于发展体育产业。

2.盘活存量，强化公共体育场馆的社会化服务

体育消费的持续稳定增长，有赖于体育设施的不断更新与完善。要坚持规划先行，不断更新、完善体育基础设施，扩大场馆服务范围，提升体育休闲项目的综合承载能力，满足消费者的体育需求。国务院办公厅在《关于促进全民健身和体育消费推动体育产业高质量发展的意见》中明确提出：“深化场馆运营管理改革的要求，鼓励各地推进公共体育场馆‘改造功能、改革机制’工程。”各类场馆运营主体要主动对接居民的体育健身需求，扩大体育场馆的社会化、市场化服务范围，提高体育场地设施的使用

效率。健全体育场馆公益性开放财政补贴的政策措施，建立财政补贴的统一管理体系，制定财政补贴监督管理的规范程序，提高场馆开放的效率和服务水平。持续加大体育场地设施建设投入，增加体育公共产品供给，优化学校、体育系统现有体育场馆、设施的布局和结构，通过项目补贴、购置保险等方式，扩大大中小学体育场地设施的社会化服务，优化学校、社区公共体育设施的布局和结构，建立健全全社会资本参与公共体育设施建设的投融资机制，努力打造百姓身边的健身组织和“15 分钟健身圈”。

3 功能改造，加强体育综合体建设，丰富体育场馆功能

随着国内高速城镇化进程结束，城市更新与城市生态修复功能修补将向体育产业倾斜，城市的体育综合体等小型体育场所将成为市民生活的重要部分。《体育强国建设规划纲要》明确提出：“继续推动体育服务综合体建设，把体育服务综合体作为承载体育服务于体育消费的重要载体。”体育综合体可以将体育元素融入人们的生活，改变单一业态发展方式，与其他业态融合发展，以多元化的新商业模式改建和建设新场馆，形成共生机制，共享红利。鼓励各地政府和企业充分利用现有体育场馆设施和城市空间以及其他具备条件的设施，对现有场馆进行改造，建设多业态融合、多功能汇集的体育服务综合体。体育综合体应以特色体育场馆为依托，以体育服务为核心，汇集文化、休闲、教育、购物、餐饮等功能于一体。体育综合体是未来体育场馆发展的重要趋势之一，它既是至关重要的体育产业聚集区，又是不可或缺的城市功能区。体育综合体建设应坚持以体育本体产业为主，积极拓展体育与健康、旅游、文化、会展等融合发展的新兴业态，推动资本、信息、人才集聚，推动场馆多元化商业经营，形成多业态融合、多功能聚合的体育服务综合体和体育产业集群。发挥体育综合体、运动休闲特色小镇等对体育消费的促进和带动作用。实现学校体育场馆的社会化服务，有效对接居民体育参与的实际需求，满足各类运动项目爱好者的消费需求，提高体育设施的利用率。

4.优化场馆建筑结构，拓展服务内容

提高场馆运营能力，增强场馆智慧化、信息化服务水平。对于新兴建

场馆，在设计和兴建时就应充分考虑体育场馆不仅可以举行重大体育赛事、大型娱乐活动，也可以满足社区日常体育活动需求。对于已有场馆，进行布局和功能改造，坚持适应群众消费新需求，突出体育健身和赛事活动参与等服务主体内容，积极拓宽和丰富体育场馆的服务内容和服务范围，创新服务方式，优化消费环境，提高体育场馆的运营服务能力。创新运营模式，拓展服务空间。体育场馆是服务于体育消费的重要载体，在运营过程中，体育场馆应突破传统服务模式，丰富服务内容，提升智慧化、场景化服务水平，为消费者提供更为丰富的感官体验，满足消费者更多样化的消费需求。创新场馆运营的商业模式，激发体育场馆的服务活力，使体育场馆不仅能够成为举办赛事的绝佳场所，而且是老百姓日常休闲体育活动的好去处。面向以运动项目参与消费为主的客群，增加餐饮、亲子、教育等方面的服务供给。而针对以购物消费为主的客群，可以增加赛事表演、趣味活动、达人挑战等项目，拓宽体育场馆的服务范围，促进不同需求消费主体间的自如导流，形成多角度的全产业链服务，扩大体育消费的辐射能力。

五、健全体育消费政策

政策引导是激发体育消费活力的重要手段。习近平总书记强调："随着我国收入水平提高和消费结构变化，供给体系进行一些调整是必然的，但我国有 13 亿多人，总体消费水平还不高、余地还很大。我们必须采取正确的消费政策，释放消费潜力，使消费继续在推动经济发展中发挥基础作用。"扩大居民体育消费需求任重而道远，必须调整体育消费政策，建立扩大消费长效机制。注重体育消费政策顶层设计与具体措施、中央与地方、体育部门与相关部门的有效衔接，构建切实有效的日常沟通与政策呼应机制，顶层政策制定过程中要加强基层交流，重视政策可执行性分析和政策试点效果分析，要联合相关部门要做好政策监督评价体系，拓展政策执行反馈渠道，完善各部门联席工作机制。

强化体育相关支持政策的执行力度。政策是“一分部署，九分执行”，只有将体育消费的利好政策有效执行、落实到位，才能真正发挥政策的效果。近年来，国家和政府出台了一系列有利于体育消费的相关政策，这些政策的有效执行必将极大促进体育消费和体育产业的高质量发展。为此，一定要克服存在着的政策选择性执行问题，对相关责任人要采取问责措施，提高政策执行的质量，为消费力的提升保驾护航。目前不少省市采取的体育消费券政策对促进体育消费发挥了积极作用。坚持体育消费政策协同创新方向，借助政策的支持力量对体育消费手段及工具进行创新，促进相关产业融合，采取灵活多样的市场化手段促进体育消费，有效发挥出体育消费政策协同效应。尽快修订体育彩票公益金自主开展全民健身赛事和活动的有关办法，研究制定向社会力量购买全民健身赛事活动服务的办法，举办体育消费季、消费月和体育消费体验等活动，推动公共体育场馆延长开放时间，充分发挥市场决定性作用和政府服务作用。可以通过发放体育消费券、体育健身卡、体育健身补贴等，引导群众逐步增加体育产品与服务消费，并且还可以实施体育消费激励政策，扩大体育产品与服务消费支持资金来源，政府着重鼓励各类金融机构开展体育类担保，为中小型体育企业提供金融产品优惠政策。

促进消费工具多样性和延伸消费空间，为人们提供丰富的消费资料。在体育消费业态丰富和消费需求旺盛的地区搭建体育资源交易平台，完善交易制度，推动体育资源优化配置和高效治理。培养多元化的新型消费方式，如移动购物、自助结账、电视场景关联购物等，不断提高服务质量和消费效率，满足消费者“随时、随地、随身”消费偏好，以此优化消费体验，进而扩展消费者的消费空间。另外，新冠肺炎疫情期间催生出以“数字化”为基础的体育新业态、新模式支撑了全民体育消费的有序进行。促进数字时代体育产业的发展，依托互联网开放平台数据基础设施和庞大的黏性消费资源，逐步实现数字化布局。

促进体育消费试点县市区建设。除大力建设国家级体育消费试点城市外，利用政府投入、规划引导等手段，充分发挥部分地区创新性促进体育消费的示范引领作用。在全省范围遴选一批区县一级的消费试点城市，鼓励各县市区以体育产业规划制定、城市体育用地供给、社区体育设施配套、经常参加体育锻炼人数等为条件，确定一批省级体育消费试点城市，激发体育消费巨大潜能。

六、优化体育消费环境

体育消费可持续发展的重要条件，是维护公平有序的体育市场秩序，良好的体育消费环境是消费者进行高质量消费的必要条件。在体育产业快速扩张过程中，体育资源供给不充分、基础设施布局不合理、治理滞后等显性因素以及市场不良竞争等隐性因素导致的体育资源供需不平衡现象，影响了消费环境秩序，进而引致市场买卖行为和消费水平下降。解决这一问题，要优化消费环境，构建信息透明、监管有度、惩戒严明的消费市场监管体系，实现"优者胜出、劣者淘汰"的市场选择机制，有效实现消费评价反馈和供应质量改进的良性互促。

建立健全体育市场买卖两者之间的消费信用体系，有效保护体育消费市场的优良交易秩序。以市场需求为导向，实现资源要素的合理流动和有效配置，打造良好的体育消费环境是扩大体育消费的主要要求之一。要加强体育产品和服务标准制定，开展体育领域服务认证。构建全方位消费者权益保障体系，加强体育市场监管，依法查处各类侵害消费者权益的行为，规范体育产品服务供给行为，维护消费者权益，提升消费者信心。加快体育消费领域标准化体系建设，发挥标准化对建设安全可信体育消费环境的支撑作用，以标准引领体育消费产品和服务质量不断提高，建立健康消费信心，引导和促进居民消费结构升级。体育管理部门要联同市场监管部门、法律部门等建立多部门联动的体育市场监管和治理体系，对体育消费产品和服务的质量、价格和销售行为等进行必要的监督与管理，突出规范体育市场秩序，加强体育消费权益保护，健全市场监管、质量认证和全程追踪程序中存在的管理"空白"。严格落实《体育市场黑名单管理办法》等相关管理制度,加大对体育市场违法违规经营行为的打击力度,完善体育市场主体和从业人员信用记录,将相关机构及人员的信用记录纳入全国信用信息共享平台,并将涉企信息通过国家企业信用信息公示系统,记于企业名下依法对外公示,规范体育市场秩序,营造良好的体育市场环境。对长期制约体育消费发展的根本性问题做到“靶向给药”,筑牢山东省体育消费根基,赋予山东省体育产业高质量发展的持续动力。

七、培育数据要素市场

数据作为新兴的关键性生产要素,在产业发展中正发挥着越来越重要的作用。习近平总书记指出:“要运用大数据提升国家治理现代化水平,要建立健全大数据辅助科学决策和社会治理的机制。”体育产业发展应基于数字经济的商业模式,建立全国性的体育信息数据共享平台、体育产业产权交易平台、体育健身参与爱好者的健康数据平台,加快体育数字基础设施建设,培育数据要素市场。政府部门综合运用体育消费和其他健身平台发放体育消费代金券,刺激居民体育消费。提高全社会的体育数字素养,大力发展数字体育经济,让全社会分享数字体育经济红利。加快体育公共服务数字化转型,为科学制定体育产业政策,提升体育产业治理能力和水平,提供实时支撑。

1.建立体育信息数据共享平台

体育部门应联合统计部门统一对体育产业统计数据的认识,扩大国民经济和社会发展统计公报统计数据,将体育相关指标纳入国家统计体系。在《国家国民经济和社会发展统计公报》中,在现有的产业分类规模、增加值等宏观数据的基础上,增加体育产业和群众体育开展的数据统计类别,增加国民体育参与情况、居民体育消费动态监测、国民体质健康数据监测、体育产业专项统计等关键数据。逐步健全劳动力、体育投融资、体育场馆运营、体育技术研发等生产要素市场的数据收集与发布工作,促进体育产业生产要素市场供需双方的有效匹配。

2.建立体育参与者的健康数据平台

建立体育健身参与爱好者的健康信息数据平台，以物联网、大数据、云计算技术为依托，利用大数据、全球定位系统、云计算、传感技术等，开展“科学健身服务”关键核心技术的集成创新，采取在线服务模式，面向慢病及健身爱好者、亚健康人群建立健康档案，对居民体育活动过程进行科学指导、实时监控，科学评价健身效果，及时查询健康状况，调整健身活动方案，提升科学健身的质量和效率。解决当前居民科学健身服务供给能力不足与社会需求蓬勃发展的矛盾，建立突出政府、社会与市场三方资源的有机融合，充分体现当前全民健身作为国家战略，探索能够长期为居民提供科学健身个性化指导服务的组织体系和管理机制。

3.提高体育消费信息数据的动态监测能力

在数字经济、共享经济趋势下，建立健全体育消费监测机制，研制体育消费统计分类办法，统一体育消费数据采集指标，着力构建中国体育消费大数据服务平台，打造基于体育消费数据的动态监测服务体系，将体育消费统计信息纳入体育市场跟踪监测范围，及时将有效的体育消费信息进行分析，综合利用体育消费数据，发挥数据的关键性生产要素作用，从而形成供需良性互动的反馈机制。为体育市场供给主体提供监测和分析服务，实现精准供给，促进体育消费的提质扩容。充分发挥体育消费试点城市先行先试的示范效应，尽快建立“体育消费动态监测体系”，对居民体育消费市场进行动态监测，加强对体育消费数据的监控，以各级行政区域为单位，针对本行政区域的体育消费大数据进行汇总，构建全国体育消费数据网络，及时掌握体育消费的整体规模和体育消费结构变化等基本数据，加强对体育消费发展特征和趋势的分析研判，准确把控体育消费市场动态，促进数据价值释放，为加强体育市场监控与制定相关体育消费政策奠定数据基础，为进一步促进体育消费提供决策依据。

4.鼓励探索“云”体育消费模式

新古典增长理论认为，创新是现代经济增长最主要的动力。提升体育产业的供给能力，增加体育产品和服务的有效供给，不仅取决于技术和装备水平，还有商业模式的创新问题。为了适应经济发展变化趋势和需求升级的要求，需要主动调整供给结构和供给方式，通过创新商业模式，更好地满足居民现实的体育消费需求并激活潜在需求。商业模式的创新，是新技术对体育产业发展进行改造的重要途径，既可以提高供给能力唤醒并释放潜在体育消费需求，对整个体育经济运行效率提升也意义重大。

2020 年突如其来的新冠肺炎疫情对我国经济社会产生重要影响。从国家统计局发布的前两个月经济运行数据看，疫情对我国经济运行带来了明显影响，供需两端均受到了较大冲击，更是让中国体育全行业遭受到巨大的冲击。国内外职业联赛、商业性赛事、群众体育活动基本停摆，健身俱乐部、体育场馆、公园和体育旅游线路暂停开放，导致线下健身服务、体育旅游、冰雪运动、节庆体育的消费几乎停滞。疫情使得体育消费受到影响，体育部门积极作为，在坚决保障居民生命安全和身体健康的同时，从产业端发力，先后推出了一系列政策，指导各供给主体复工复产，这些政策和措施直接或间接地提升了市场主体信心，增强了市场供给能力，有益于体育消费的复苏和振兴。

疫情对经济和消费都产生影响，在应对这场危机的过程中，消费又表现出一些新的变化机遇，特别网络购物和线下配送服务发展迅猛，非接触服务模式大量呈现，人民群众对健康、居住、汽车、智能服务等更好生活品质的需求正在显著上升。疫情期间居民出行受限，严重影响线下体育消费，与此同时也倒逼体育健身、体育培训、体育旅游等传统业态依托新技术，对生产服务和消费体验进行数字化改造。鼓励和支持体育企业积极应用 VR、AR 等新技术，推进生产服务和销售方式创新，不断探索培育新业态、新模式，促进体育消费体制升级。突发疫情同时也唤醒了全民健身意识，催生了消费的新模式，使更多的消费者选择线上体育消费、观看收费赛事、网上进行健身培训消费。通过商业模式和组织方式的变革，为体育新兴产业成长和新技术应用创造了空间。大数据、云计算等新兴技术的普及应用，使其与体育产业的深度融合不断加深，互联网商业已经在体育产业显示出未来的发展方向，应顺应这一趋势，深入、广泛地实施“互联网＋体育”行动计划，建立优质赛事视频库和运动技能动作解析视频库，举办智能体育大赛，满足消费者在线点播观看赛事、线上参加赛事和健身技能学习的需求，以创新供给方式催动体育消费。

自从 IBM 提出“智慧地球”之后，智慧就被赋予了时代新意。有效推动体育场馆智能化、信息化建设，与专业导航公司合作，建立“智慧”场馆，实现场馆的预约、约友组队。加快互联网、大数据等与体育产业的深度融合，融合形成的新业态已经呈现出强大的生命力和巨大的发展前景。积极发展数字体育、在线健身、线上培训等新业务，拓宽 5G 在体育场景中的应用，全面实现传统制造技术与 5G 技术、人工智能、大数据、虚拟仿真等未来体育智能化应用场景的深度融合，为健身行业提供创新支撑，带动健身器材和可穿戴设备等 5G 终端产品的销售。

适应消费新变化，加快新一代信息基础设施建设步伐，鼓励线上线下融合等新消费模式发展，鼓励消费者使用绿色智能产品。加快构建“智能＋”“互联网＋”消费生态体系，鼓励建设“智慧商店”“智慧街区”“智慧商圈”，促进线上线下互动协同。鼓励有条件的城市和企业建设一批线上线下融合的新消费体验馆，促进消费新业态、新模式、新场景的普及应用。推动实体体育零售企业发展线上业务，创新供应链管理模式，推动个性化、定制化、柔性化生产，实现线上线下融合销售，促进健身器材、可穿戴设备等产品的销售。促进线上线下消费融合，培育体育消费新业态、新模式，以创新升级的新供给激发多层次的新需求，创造新供给、释放新需求，实现更高水平、更高层次体育智能产品和服务的供需均衡。

附　录

附录一：促进体育消费政策一览表

近年出台的促进消费政策一览表

序号	发文时间	文件名称	发文部门
1	2014 年 10 月 20 日	《关于加快发展体育产业促进体育消费的若干意见》	国务院
2	2015 年 11 月 22 日	《关于加快发展生活性服务业促进消费结构升级的指导意见》	国务院办公厅
3	2016 年 4 月 26 日	《关于促进消费带动转型升级的行动方案》	国家发改委
4	2016 年 5 月 5 日	《体育发展"十三五"规划》	国家体育总局
5	2016 年 5 月 15 日	《关于推进体育旅游融合发展的合作协议》	国家体育总局、旅游局
6	2016 年 6 月 15 日	《关于印发全民健身计划(2016～2020 年)的通知》	国务院

续表

序号	发文时间	文件名称	发文部门
7	2016 年 7 月 13 日	《体育产业发展“十三五”规划》	国家体育总局
8	2016 年 10 月 25 日	《“健康中国 2030”规划纲要》	国务院
9	2016 年 10 月 25 日	《关于加快发展健身休闲产业的指导意见》	国务院办公厅
10	2016 年 11 月 2 日	《冰雪运动发展规划(2016～2025 年)》	国家体育总局
11	2016 年 11 月 8 日	《航空运动产业发展规划、水上运动产业发展规划、山地户外运动产业发展规划》	国家体育总局
12	2016 年 11 月 28 日	《关于进一步扩大旅游文化体育、健康养老、教育培训等领域消费的意见》	国务院办公厅
13	2016 年 12 月 22 日	《关于大力发展体育旅游的指导意见》	国家旅游局、体育总局
14	2017 年 3 月 16 日	《关于进一步激发社会领域投资活力的意见》	国务院办公厅
15	2018 年 1 月 12 日	《自行车运动产业发展规划、马拉松运动产业发展规划》	国家体育总局等 11 部委
16	2018 年 11 月 8 日	《关于加快发展体育产业的指导意见》	国务院办公厅
17	2018 年 10 月 11 日	《完善促进消费体制机制实施方案(2018～2020 年)》	国务院办公厅
18	2018 年 12 月 21 日	《关于加快发展体育竞赛表演产业的指导意见》	国务院办公厅
19	2019 年 1 月 15 日	《进一步促进体育消费的行动计划(2019～2020 年)》	国家体育总局、发改委

续表

序号	发文时间	文件名称	发文部门
20	2019 年 3 月 31 日	《关于以 2022 年北京冬奥会为契机大力发展冰雪运动的意见》	中共中央、国务院办公厅
21	2019 年 8 月 27 日	《关于加快发展流通促进商业消费的意见》	国务院办公厅
22	2019 年 9 月 2 日	《关于印发〈体育强国建设纲要〉的通知》	国务院办公厅
23	2019 年 9 月 17 日	《关于促进全民健身和体育消费推动体育产业高质量发展的意见》	国务院办公厅
24	2020 年 1 月 14 日	《关于进一步加强和规范体育领域事中事后监管的若干意见》	国家体育总局
25	2020 年 3 月 13 日	《关于促进消费扩容提质　加快形成强大国内市场的实施意见》	发改委等 23 个部门
26	2020 年 3 月 24 日	《体育赛事活动管理办法》	国家体育总局
27	2020 年 6 月 19 日	《中央集中彩票公益金支持体育事业专项发展基金管理办法》	国家体育总局、财政部
28	2020 年 9 月 21 日	《深化体教融合，促进青少年健康发展》	国家体育总局、教育部
29	2020 年 7 月 9 日	《科学有序恢复体育赛事和活动　推出体育行业复工复产工作方案》	国家体育总局
30	2020 年 9 月 22 日	《习近平总书记在教育文化卫生体育领域专家代表座谈会讲话》	
31	2020 年 10 月 10 日	《关于加强全民健身场地设施建设发展群众体育意见》	国务院办公厅
32	2020 年 10 月 15 日	《关于全面加强和改进新时代学校体育工作的意见》	中共中央办公厅、国务院办公厅

附录二:城乡居民体育消费调查问卷

2019 年度山东省城乡居民体育消费调查问卷

尊敬的被调查者:

您好!我们是山东省城乡居民体育消费调查课题组,为全面了解我省居民体育消费现状、影响因素、消费诉求等情况,促进居民体育消费、实现体育产业的高质量发展,开展此次调查。问卷采用不记名方式填答,您所提供的所有数据和信息仅用于分析研究使用,并严格保密,请按真实情况和想法作答。感谢您的支持和贡献!

填写说明:如不特别说明,题目为单选题;请在对应的"□"内画"√",在"________"上填写相应内容。

特别提醒:本问卷的体育消费发生时间限于 2019 年全年。

山东省城乡居民体育消费调查组

2020 年 4 月

一、基本情况

1.您所生活居住的区域:________市________(县/市/区)

2.性别:□男　□女

3.年龄:________岁

4.受教育程度:□初中及以下　□高中(中职中专)　□大专　□大学本科　□硕士研究生及以上

5.职业:□国家机关、党群组织、企业、事业单位负责人　□专业技术人员　□办事人员和有关人员　□商业、服务业人员　□农林牧渔水利业生产人员

□生产、运输设备操作人员及有关人员　□军人　□离退休人员

□学生　□不便分类的其他从业人员　□无业　□其他

6.您的月收入：□3500 元以下　□3501～5000 元　□5001～8000 元　□8001～10000 元　□10001～20000 元　□20001 元以上

7.您每天拥有多少闲暇时间(除去工作学习、吃饭睡觉、家务劳动以外的时间)：工作日：□不足 2 小时　□2～3 小时　□3～5 小时　□5 小时以上

节假日：□不足 2 小时　□2～3 小时　□3～5 小时　□5 小时以上

二、体育消费行为

您 2019 年体育消费支出情况，请根据实况填入具体金额：

1.购买体育用品的消费金额：__________；

(1)运动器材、器械支出：__________；

(2)专项运动用品支出：__________；

(3)运动服饰、鞋帽袜支出：__________；

(4)运动护具支出：__________；

(5)运动康复用品支出：__________；

(6)运动车、船、航空器支出：__________；

(7)户外运动休闲用品支出：__________；

(8)其他体育用品支出：__________；

(9)体育用品维修费用支出：__________；

2.关于健身休闲的消费金额：__________；

(1)会费支出：__________；

(2)场租费支出：__________；

(3)体育保健与康复服务消费支出：__________；

3.体育观赛的消费金额：__________；

(1)体育赛事门票支出：__________；

(2)体育赛事节目订阅支出：__________；

4.进行体育教育培训的消费金额：__________；

(1)体育学历教育消费支出：__________；

(2)非学历体育技能培训消费支出：__________；

(3)取得体育职业资格的消费支出：__________；

(4)体育咨询服务消费支出：__________；

5.进行体育旅游的消费金额：__________；

(1)体育活动本身的游览、娱乐、研学支出：__________；

(2)体育旅游中餐饮、住宿、出行、购物支出：__________；

(3)体育旅游中的其他支出：__________；

6.关于体育文化的消费金额：__________；

(1)体育影视作品消费支出：__________；

(2)体育新闻和出版物消费支出：__________；

(3)展览创意类体育文化产品和服务消费支出：__________；

(4)数字体育内容的产品和服务消费支出：__________；

(5)其他体育文化消费：__________；

7.您去年其他体育消费：__________；

(1)体育彩票消费支出：__________；

(2)体育保险服务支出：__________；

(3)其他体育信息服务支出：__________；

(4)体育参赛消费支出：__________；

(5)其他未列出的体育消费支出项目：__________。

8.您进行体育消费的渠道：□线上(互联网/手机)　□线下　□都有　□无

9.您进行体育消费的方式：□个体消费　□家庭消费　□单位消费　□社群消费

10.您去年消费总支出约为：__________。

三、影响您体育消费的因素(最多可选三项，并按重要性程度排序)

1.体育用品消费的影响因素：□收入　□产品品牌　□产品质量

□产品功能　□卖家服务　□消费场所环境　□广告宣传、明星代言　□家人朋友影响

2.健身休闲消费的影响因素:□收入　□闲暇时间　□健康状况　□运动技能水平　□兴趣爱好　□场地便利性　□专业指导服务　□家人朋友影响　□社会锻炼氛围

3.体育观赛消费的影响因素:□收入　□闲暇时间　□兴趣爱好　□赛事时间　□赛事地点　□赛事水平及观赏性　□门票价格　□体育明星影响　□家人朋友影响　□其他

4.体育教育培训消费的影响因素:□收入　□闲暇时间　□健康状况　□运动技能水平　□兴趣爱好　□场地便利性　□专业指导服务　□家人朋友影响　□社会锻炼氛围

5.体育旅游消费的影响因素:□收入　□闲暇时间　□体育参与体验　□赛事观赏性　□配套服务　□安全保障　□其他

6.体育文化消费的影响因素:□收入　□内容　□质量　□信息宣传　□消费环境　□其他

7.体育彩票消费的影响因素:□收入　□家人朋友影响　□广告媒体宣传　□中奖概率　□社交需求　□娱乐　□其他

8.体育保险服务消费的影响因素:□收入　□不知晓　□没有购买渠道　□家人朋友影响　□媒体宣传　□投保金额　□其他

四、您的体育消费诉求(最多可选三项,并按重要性程度排序)

1.您进行体育用品消费的动机是:□参与体育活动　□运动康复　□户外休闲　□社会潮流的影响　□产品促销打折　□其他

2.您进行健身休闲消费的动机是:□强身健体　□休闲娱乐　□健美减肥　□人际交往　□掌握运动技能与知识　□调节精神、缓解压力　□其他

3.您进行体育观赛消费的动机是:□明星效应　□休闲娱乐　□人际交往　□掌握运动技能与知识　□调节精神、缓解压力　□其他

4.您进行体育教育培训消费的动机是:□获得学历 □掌握运动技能 □获得职业资格 □储备知识 □其他

5.您进行体育旅游消费的动机是:□参与体育活动 □休闲娱乐 □观赛 □研学 □冒险猎奇 □其他

6.您进行体育文化消费的动机是:□获悉信息 □学习运动技能 □掌握体育知识 □陶冶情操 □其他

7.您进行体育彩票消费的动机是:□中奖 □支持体育事业发展 □娱乐 □其他

8.您进行体育保险消费的动机是:□规避风险 □其他

9.目前市场上的体育产品和服务能否满足您的需求:

	完全能满足	基本满足	一般	不能满足	完全不能满足
体育用品	□	□	□	□	□
健身休闲	□	□	□	□	□
体育赛事	□	□	□	□	□
教育培训	□	□	□	□	□
体育旅游	□	□	□	□	□
体育文化	□	□	□	□	□
体育彩票	□	□	□	□	□
体育保险	□	□	□	□	□

五、体育运动参与情况

1.您主要参与哪些项目的体育运动(多选,可选6项):□羽毛球 □足球 □篮球 □排球 □游泳 □乒乓球 □武术 □极限运动(轮滑、跑酷、自行车等) □冰上运动(滑冰、冰球等) □击剑 □网球 □瑜伽、普拉提 □棋牌类(围棋、象棋、桥牌等) □棒球 □橄榄球 □地掷球、门球、柔力球 □电子竞技 □模型制作(空、海、车模) □骑马 □水上运动(帆船、帆板、赛艇、皮划艇等) □体育搏击(跆拳道、空手道、拳击） □高尔夫 □舞蹈、韵律操（广场舞、街舞、形体操、健美操、体育舞蹈等） □健身气功 □长跑、健步走 □户外（登山、攀岩、徒步） □健美（力量练习） □田径项目（跳高、跳远） □跳绳、踢毽 □钓鱼 □风筝 □其他 □从不参加

2.您通常参加体育锻炼的频率是：□一周 3 次以上 □一周 1～2 次 □不足一周一次 □很少锻炼且时间不固定

3.您每次体育锻炼持续多长时间：□30 分钟以内 □30 分钟～1 小时 □1～1.5 小时 □1.5 小时以上

4.您经常参加体育锻炼的场所（多选，可选 3 项）：□体育场（体育中心、全民健身活动中心）□健身房 □健身步道 □社区（村庄场院） □室内体育场所（篮球场、网球场等） □公路、街道边 □学校 □其他 □从不去健身锻炼场所

六、您认为如何才能促进您的体育消费：

____

____

____

____

____

正式问卷到此结束，再次感谢您的参与！

附：疫情对体育消费影响的调查

突如其来的疫情，让中国体育全行业遭受到不小的冲击。国内联赛、群众体育基本停摆，体育场馆、公园和体育旅游线路的暂停开放，体育旅游、冰雪运动、节庆体育的消费几乎停滞，为及时、深入了解疫情对我省居民体育消费状况的影响及存在的问题，促进相关部门更好地加强市场服务和监管，附加调查以下几个问题：

1.疫情是否影响了您的体育消费支出？□是 □否 □不确定

2.因疫情您是否减少的体育消费项目？（请您选出影响最大的三项，

并按重要性进行排序)□体育旅游 □体育健身 □体育培训 □体育器材 □体育服装鞋帽 □体育赛事现场观看 □体育彩票 □其他

3.因疫情,您增加了哪些体育消费项目?(请您选出影响最大的三项,并按重要性进行排序)□健身器材 □收费电视体育赛事频道 □可穿戴设备 □体育信息产品 □体育保险 □其他

4.此次疫情是否会增强您的健身意识?□是 □否 □不确定

5.疫情结束后,您会首选何种消费方式?□线上 □线下 □不确定

主要参考文献

1.王睿、杨越:《家庭视域下扩大我国体育消费的政策研究》,《体育科学》2020 年第 1 期。

2.林桥兵、吴钟、陈子禾:《消费驱动我国体育产业高质量发展研究》,《体育文化导刊》2020 年第 11 期。

3.李子晨:《国民体育消费热潮奔涌》,《国际商报》2021 年第 5 期。

4.芦胜男、刘冬磊、王子朴:《基于政策工具视角下我国体育消费政策分析——基于 37 份国家政策文本的内容分析(2014～2019)》,《武汉体育学院学报》2021 年第 1 期。

5.申甫:《城镇居民个体特征与体育消费动机相关定量分析》,《武汉体育学院学报》2013 年第 2 期。

6.杨新平:《甘肃城乡居民体育消费现状及特征研究》,《福建体育科技》2018 年第 2 期。

7.赵少聪、李晓天、杨少雄:《北京市居民体育消费现状调查与分析》,《福建师范大学学报:自然科学版》2018 年第 1 期。

8.赵平等:《社会转型期的中国群众体育》,《中国体育现状调查与研究》2012 年第 3 期。

9.孔祥生、李大新:《试论体育消费行为的流行与选择》,《北京体育大学学报》2004 年第 8 期。

10.刘志强、张庚森、韩省亮等:《21 世纪我国现代体育消费行为及对策研究》,《西安体育学院学报》2004 年第 3 期。

11.王凯珍等:《中国城市不同类型社区体育活动现状调查与研究》,《中国体育现状调查与研究》2011 年第 22 期。

12.鲍明晓:《对我国体育产业热点问题的思考》,《体育科学》2015 年第 4 期。

13.王芬等:《社会主义市场经济条件下的群众体育管理体制与运行机制的理论研究》,《中国体育现状调查与研究》2001 年第 11 期。

14.孙汉超、欧阳柳青、唐宏贵等:《我国居民体育消费行为研究》,《武汉体育学院学报》2001 年第 1 期。

15.张玲燕、陈洋、孔庆波:《农村体育消费市场形成的政府职能定位研究》,《体育文化导刊》2018 年第 6 期。

16.张炜:《传媒体育信息对大学生体育行为的影响分析》,《新闻战线》2014 年第 8 期。

17.庞元宁等:《中国不同年龄人群体育现状与发展研究》,《中国体育现状调查与研究》2010 年第 4 期。

18.刘兴刚:《现代化城市体育消费升级与体育产业转型》,《广州体育学院学报》2018 年第 1 期。

19.杨品臣、易锋、张文贤等:《"大数据"背景下体育消费升级研究》,《体育成人教育学刊》2018 年第 5 期。

20.李思思、武笑玲、杨绍华等:《"健康中国"背景下体育消费升级若干问题的探讨》,《运动精品》2018 年第 11 期。

21.王乔君、童莹娟:《长三角城市居民体育消费结构研究》,《体育科学》2013 年第 10 期。

22.李佐军:《重点领域改革节点研判供给侧与需求侧》,《改革》2016 年第 2 期。

23.潘建成:《供给侧结构性改革强农固本》,《改革》2016 年第 4 期。

24.李博:《"供给侧改革"对我国体育产业发展的启示基于新供给经

济学视角》,《武汉体育学院报》2016 年第 3 期。

25.刑金明、刘波:《供给学派和凯恩斯主义的比较及启示》,《商业时代》2014 年第 20 期。

26.钟祥财:《供给学派的思想价值和现实意义》,《上海经济研究》2011 年第 1 期。

27.贾康、徐林、李万寿等:《中国需要构建和发展以改革为核心的新供给经济学》,《经济研究参考》2011 年第 1 期。

28.毛中根、杨丽姣:《经济全球化背景下供给侧改革与居民消费结构升级》,《财经科学》2017 年第 1 期。

29.黄海燕、朱启莹:《中国体育消费发展:现状特征与未来展望》,《体育科学》2019 年第 10 期。

30.刘远祥、孙冰川:《体育产业供给侧改革的动因与路径研究》,《山东体育学院学报》2019 年第 6 期。

31.王雪莉、付群、郑成雯:《2010～2019 年中国体育消费政策落实:问题与对策》,《体育科学》2019 年第 10 期。

32.鲍明晓:《体育助力"五大建设"》,《上海体育学院学报》2018 年第 1 期。

33.杨桦:《从运动员教练员教师到多类别多层次对我国体育人才培养的思考》,《体育科学》2018 年第 7 期。

34.郭孟坷:《消费收入理论及消费函数浅析》,《现代经济信息》2001 年第 23 期。

35.马晓卫、任波、黄海燕:《互联网技术影响下体育消费发展的特征、趋势、问题与策略》,《体育学研究》2020 年第 2 期。

36.孙威、王晓辉:《新时代我国体育消费力提升研究》,《沈阳体育学院学报》2020 年第 3 期。

37.方军:《中国新兴中产家庭中的视觉艺术——职业地位群体、抽象艺术与自我呈现》,《社会学研究》2018 年第 5 期。

38.羊芳芳、陈航:《新消费时代充分激发居民消费潜力》,《浙江经济》

2019 年第 2 期。

39.李子晨:《国民体育消费热潮奔涌》,《国际商报》2021 年第 5 期。

40.罗旌信:《经济转型背景下扩大体育消费的动因、发展新态势及路径优化》,《经济师》2021 年第 3 期。

41.代刚、葛书林:《体育人口的概念、分类与测定》,《中国体育科技》2021 年第 7 期。

42.任保平、李禹墨:《新时代我国经济从高速增长转向高质量发展的动力转换》,《经济与管理评论》2019 年第 3 期。

43.建投华文投资有限责任公司、中国人民大学创意产业技术研究院主编:《中国文化消费投资发展报告》,社会科学文献出版社 2020 年版。

44.钟天朗等:《体育经济学概论》,复旦大学出版社 2003 年版。

45.张宝华:《现代体育经济学》,中山大学出版社 2004 年版。

46.潘建成:《西方经济学说史——从市场经济视角的考察》,复旦大学出版社 2015 年版。

47.刘凯:《山东省社会体育指导员资源现状及整合利用研究》,山东大学 2015 年版。

48.国家发展和改革委员会:《2017 年中国居民消费发展报告》,人民出版社 2018 年版。

49.中国北京市委党校马克思主义理论研究中心:《中国供给侧结构性改革研究》,中国社会科学出版社 2016 年版。

50.刘冬磊、王子朴、刘朝霞:《经济转型背景下扩大体育消费的动因剖释、发展趋向与路径优化》,《成都体育学院学报》2020 年第 6 期。

51.江小涓:《体育消费发展趋势与政策导向》,中信出版社 2020 年版。

52.Won Jae Seo,B. Christine Green,"Fantasy sport participation as a complement to traditional sport consumption," *Sport Management Review*, Vol.4, 2011.

53.Erik Thibaut,Steven Vos,Jeroen Scheerder,"Hurdles for sports consumption: The determining factors of household sports expenditures,"*Sport Management Review*, Vol.4, 2014.

54.Fernando Lera-López, Manuel Rapún-Gárate, *The Demand for Sport: Sport Consumption and Participation Models*, *Human Kinetics*, 2007.

55.中国产业信息网:《2020年中国体育消费市场发展趋势预测》, http://www.chyxx.com/industry/201912/812932.html[2019-12-03]。

56.体育产业生态圈、京东体育:《2019互联网体育消费新趋势》(2019-05-16)[2019-12-12], http://www.cnurls.com/plus/view.php?aid=98808。